新手妈妈不知道的育儿常识

王海明 糖糖妈 著

国际文化出版公司
·北京·

图书在版编目（CIP）数据

新手妈妈不知道的育儿常识 / 王海明，糖糖妈著
. —— 北京：国际文化出版公司，2022.11
ISBN 978-7-5125-1367-9

Ⅰ.①新… Ⅱ.①王… ②糖… Ⅲ.①儿童教育－家庭教育 Ⅳ.① G78

中国版本图书馆 CIP 数据核字（2022）第 013924 号

新手妈妈不知道的育儿常识

著　　者	王海明　糖糖妈
责任编辑	李　璞
品质总监	张震宇
出版发行	国际文化出版公司
经　　销	全国新华书店
印　　刷	运河（唐山）印务有限公司
开　　本	880 毫米 ×1230 毫米　　　32 开 7 印张　　　　　　　　　170 千字
版　　次	2022 年 11 月第 1 版 2022 年 11 月第 1 次印刷
书　　号	ISBN 978-7-5125-1367-9
定　　价	48.00 元

国际文化出版公司
北京朝阳区东土城路乙 9 号　邮编：100013
总编室：（010）64270995　传真：（010）64270995
销售热线：（010）64271187
传真：（010）64271187-800
E-mail：icpc@95777.sina.net

前言

在《糖糖妈怀孕日记VS著名妇产科主任的专家点评》（以下简称《怀孕日记》）完稿后，糖糖顺利地出生了。这个小家伙最初带给我们的是无尽的喜悦，喜悦过后，我们更多的是手足无措和茫然，不知道怎么才能把这个小家伙顺利地养大。虽然有姥姥和奶奶帮忙，但都是老一辈的人，育儿观念还停留在过去，大部分都已落伍，跟不上现代科学的育儿理念。

就拿多长时间给小家伙喂一次奶来说，糖糖姥姥心疼外孙女，她认为只要宝宝饿了就该喂奶；而奶奶是中医出身，她担心宝宝的脾胃受伤，希望我们给宝宝养成规律喂食，而且有些书上也说要科学喂养，每隔两小时或三小时喂一次，逐渐延长至四个小时。其间，我们摇摆了几次，最后还是坚定宝宝饿了就喂的方式（详见第三章"吃母乳的宝宝更容易饿，不可拘泥于定时定量"一节，里面有糖糖妈的育儿笔记）。

再比如小家伙出生后，在宝妈的奶水还没有正式下来时，只有几滴发黄的奶液流出来，这些"初乳""前奶"到底该不该给孩子吃？

还有，老一辈儿人认为母乳到六个月就没营养了，现代科学的研究是这样的吗？

……

这样的问题数不胜数，从日常护理方法到宝宝用品的选择，从喂养方式到生病护理，明明刚查到的是最新的养育知识，转眼就看到有专家出来辟谣。真的是步步踩雷，刚出坑又入坑啊。所谓的"养儿路上坑太多，就看父母怎么绕"！

于是，有了写一本《怀孕日记》姊妹篇图书的想法，帮助新妈妈们解决育儿路上遇到的各种困扰和难题。有了这个想法后，我们有幸请到了王海明医生。她在这个领域有着丰富的经验和深入的研究。

本书和《怀孕日记》在写作顺序上有所区别，《怀孕日记》是糖糖妈先写的日记，然后请妇产科主任写的点评。而本书是先请王海明医生写养育过程中的新手妈妈们不知道的常识，然后针对部分常识，糖糖妈写了自己在这一事项上犯过的错，或者是有哪些经验、想法等，希望对新手妈妈们有所帮助。

卫红医生为本书做了审校工作，在此表示诚挚的感谢。

糖糖爸，于2021年夏

目 录

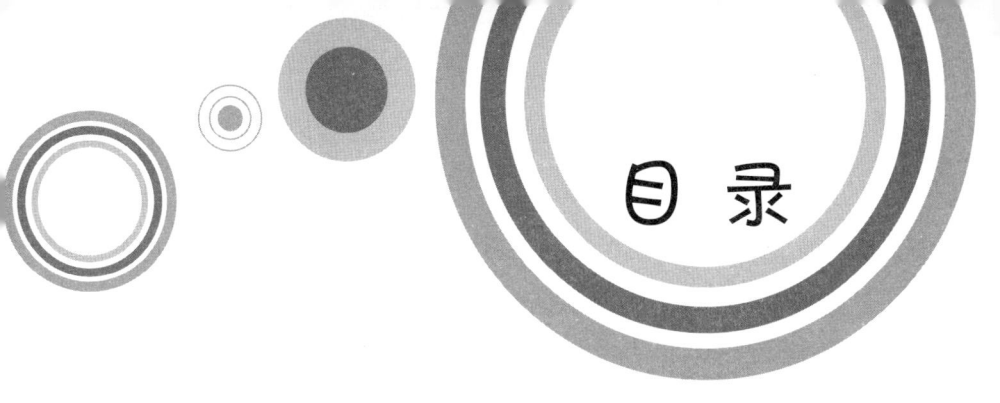

第一章　宝宝用品，小细节决定大问题

"工欲善其事，必先利其器。"有些人刚刚升级做爸爸妈妈，面对市面上各种各样的婴儿用品，很容易迷失。可能仅仅因为选错了奶嘴的形状，就让本就不省心的育儿工作变得更加手忙脚乱。因此，爸爸妈妈们在购买婴儿用品前，一定要做到心中有数，这样，在面对眼花缭乱的商品时，才能够稳定心神，挑选到适合宝宝的用品。

奶嘴的开口、奶瓶的型号，都不是摆设 …………………………………… 2
婴儿着装"六忌" ……………………………………………………………… 5
选择婴儿枕头，高度、宽度是重点 …………………………………………… 7
宝宝尽量穿满裆裤，开裆裤不安全 …………………………………………… 10
挑选学步鞋，软硬、大小、款式最重要 ……………………………………… 12

第二章 日常护理,这些关键问题不容忽视

> 婴儿期的宝宝最重要的是什么?学吃,学睡,学排便。吃不好,睡不好,代谢不好,都会严重影响宝宝的生长发育。为了宝宝的健康成长,就要从宝宝刚出生起照顾好宝宝,包括喝奶、吃辅食、换尿布、洗澡、穿衣等,每个细节都要注意。

新生儿有几个异常现象,不要反应过度 …… 16

要想小儿安,三分饥与寒 …… 18

裸着不如穿件薄衫凉快,再热不能光着小脚 …… 21

不要宝宝一哭就用乳头哄,找准"泪点"才是止哭的关键 …… 23

宝宝出生后,最好与爸爸妈妈分床睡 …… 28

宝宝睡不好,智商、学商、情商都受影响 …… 30

让宝宝安睡到天亮的窍门 …… 32

护理用品摆放到位,可以快速制止婴儿夜间哭闹 …… 36

宝宝的睡觉环境应该挤一点,"闹"一点 …… 38

宝宝睡觉时,不可"以衣代被" …… 40

剪睫毛、剃眉毛、捏鼻子,不会变美,只有危险 …… 42

乳牙也要防蛀 …… 44

宝宝口水横流,要注意清洁 …… 46

妈妈的几个清洁行为会伤害宝宝 …… 48

让宝宝适当脏一点,对健康有益无害…………………………………… 50
给宝宝洗澡的注意事项…………………………………………………… 51
不要让宝宝长时间坐便盆………………………………………………… 53
想让宝宝早说话,少用叠词等"儿语",别迁就宝宝说错……………… 55

第三章 纯母乳喂养,这些常识和技巧要知道

宝宝出生后,如何喂养是摆在新手妈妈面前的问题,母乳喂养好还是人工喂养好?为什么母乳喂养好?如何判断母乳够不够?如果母乳不够,能随便添加奶粉和其他奶吗?

给宝宝哺乳听起来似乎不难,但其实并不简单。尤其是对现代的新手妈妈,一来缺乏经验,二来有工作压力,更容易犯一些重要的、常识性的错误。

母乳喂养的宝宝不容易得慢性病…………………………………………… 60
母乳喂养要趁早,产后2小时以内最好 ………………………………… 63
初乳、前奶都不可丢……………………………………………………… 64
宝宝在初次吃母乳前,不要吃其他食物,否则会排斥母乳……………… 65
吃母乳的宝宝更容易饿,不可拘泥定时定量……………………………… 68
配方奶不能想加就加……………………………………………………… 69
妈妈奶水少,勤喂才是王道……………………………………………… 71
代乳品不是乳品,不能作为婴儿的主食………………………………… 74

一次哺乳时间过长，易引起诸多不适……………………………… 76
妈妈情绪波动过大，影响母乳质量………………………………… 78
职业妈妈要提前做准备，让宝宝顺利适应奶瓶…………………… 79
解决乳头混淆，妈妈要学会"斗智斗勇"………………………… 82
喂完奶后随意"折腾"宝宝容易溢乳……………………………… 84
哺乳妈妈不可代替婴儿服药………………………………………… 87

第四章 混合、人工喂养，最怕营养不良

虽然母乳喂养对宝宝的好处多多，但有些新手妈妈由于诸多原因，不得不人工喂养。这些妈妈也不必遗憾，只要掌握好正确的喂养办法，宝宝也能健康长大。

选择配方奶，避开 7 个认识误区 ………………………………… 90
混合喂养要以母乳为主，母乳和奶粉不可同一顿喂食…………… 92
喝剩的奶粉不能留到下次，冲调太浓太淡都不行………………… 94
配方奶中不可随便加东西，一加一的结果可能为负……………… 96
宝宝一吃奶粉就吐，可能是牛奶过敏……………………………… 97
牛奶忌煮太久，忌用文火…………………………………………… 100
新生儿、早产儿睡眠时间长，要注意叫醒吃奶，否则易致低血糖…… 101
从第 2 个月起，就要开始培养宝宝晚上少吃奶的习惯 ………… 103

判断人工喂养的婴儿是否缺水有窍门……………………………… 115
白开水是最好的饮料，不要随便让宝宝喝白糖水………………… 116

第五章 添加辅食，这些知识要知道

> 相比于纯乳期，离乳期如何添加辅食更加复杂，新手爸妈难免会进入喂养误区。假如不能及时从喂养误区走出来，会直接影响宝宝的健康成长。

添加辅食阶段意义重大，1岁定终身………………………………… 120
何时添加辅食，要看宝宝的表现，不要照本宣科………………… 121
1岁以前的婴儿仍以乳类为主食，但不可偏废辅食………………… 122
过敏体质的宝宝和早产儿不可添加辅食过早……………………… 123
辅食要慢慢地替代奶，不可操之过急……………………………… 124
添加辅食要有章法，不可随心所欲………………………………… 125
添加辅食分四个阶段，每个阶段的目标不同，食物也不同……… 127
辅食制作的原则……………………………………………………… 129
宝宝忽然拒绝辅食，把对"脉"才能解决问题……………………… 131
婴儿大便有奶瓣，不可停加辅食…………………………………… 133
1岁以内的婴儿不吃或少吃的食物…………………………………… 135
要想长一口好牙，长牙期的喂养很重要…………………………… 139

保护味蕾，离乳期很重要……………………………………… 142

饮食过分干净会影响宝宝肠道益生菌的生长………………… 145

第六章 这些疾病常识要知道

> 新手妈妈最怕宝宝出现什么情况？生病。很多新手爸妈们看到宝宝出一点状况都往疾病上靠，结果往往虚惊一场，自己和宝宝都累。他们没有什么育儿经验，根本不知道该如何判断宝宝是否患病，以及病情是否严重。也有一些年轻家长对宝宝的疾病不以为然，随意用药，等等。诸如此类的无知行为让宝宝吃了苦头，严重的还会贻误病情，造成无法弥补的恶果。

病从口入，许多婴儿疾病与饮食有关…………………………… 148

保护好宝宝的呼吸系统会避免很多的病痛……………………… 150

带宝宝去就诊，家长必须要做好充足的准备…………………… 152

婴儿要防"火"，有火才生病……………………………………… 155

防"蔫"防"干旱"，宝宝少得病…………………………………… 158

几种情况下需推迟疫苗接种……………………………………… 160

宝宝接种疫苗前后一定要做或不能做的事……………………… 161

经常给宝宝做按摩，不仅长个儿，还防生病…………………… 162

注意宝宝尿液变化，它是疾病的风向标………………………… 164

宝宝发高烧时，要注意呵护眼睛……………………………………… 167
婴幼儿秋季腹泻可能致命，要给予足够的重视…………………… 168
婴幼儿缺铁性贫血，尽量不要吃药………………………………… 170
婴儿发黄不一定是重病，但要积极干预…………………………… 173
咳嗽不一定是病，不要随意强制镇咳……………………………… 178
宝宝肚子疼可轻可重，最好去看医生……………………………… 180
哪些宝宝易缺钙？如何判断宝宝是否缺钙？……………………… 184
婴幼儿缺钙，多数是缺维生素D，晒太阳是关键………………… 188
婴儿腹泻，要3天见效，补盐液和护理比吃药更有效 …………… 193
宝宝腹泻久治不愈，可能是乱用抗生素、益生菌所致…………… 196
婴幼儿发烧并非都是重病，不可捂汗，38.5度以下不要吃退烧药…… 199
别把钙片、鱼肝油当成营养品，易致便秘、中毒………………… 201
维生素不是越多越好，不足和补过头都有害……………………… 202
没有专门提高免疫力的保健品，药补不如食补…………………… 203
虽然DHA很重要，但并不需要额外补充 ………………………… 204
半岁后的宝宝抵抗力下降是正常现象……………………………… 206
"吮指癖"是病，要纠正……………………………………………… 207

第一章
宝宝用品，小细节决定大问题

"工欲善其事，必先利其器。"有些人刚刚升级做爸爸妈妈，面对市面上各种各样的婴儿用品，很容易迷失。可能仅仅因为选错了奶嘴的形状，就让本就不省心的育儿工作变得更加手忙脚乱。因此，在购买婴儿用品前，一定要做到心中有数，这样，在面对眼花缭乱的商品时，才能够稳定心神，挑选到适合宝宝的用品。

奶嘴的开口、奶瓶的型号，都不是摆设

经常有新手妈妈问我：我买几个奶瓶好啊？喝水的奶瓶和喝奶的奶瓶要分开吗？奶嘴买什么开口的好？什么材质的奶瓶和奶嘴好呢？……

无论是母乳喂养还是人工喂养，奶瓶、奶嘴都是必不可少的。选购奶瓶、奶嘴看似简单，但真正选购时，要注意的小细节还真不少。如果选不好，很可能会让宝宝出现抗拒喝奶、呛奶等问题。假如奶瓶、奶嘴的材质不好，还会影响宝宝的身体健康。

要想选好奶瓶、奶嘴，要注意以下几个要点。

（1）选择有信誉的品牌及购买渠道，这样可以大大降低买到劣质产品的机会。买之前多问问有经验的人，他们会给你很好的建议。这一点适用于购买所有的婴儿用品。

（2）奶瓶、奶嘴的数量够用即可，以方便替换、消毒为准，不要一次买太多，如果买多了，放着浪费不说，还不卫生。纯母乳喂养的宝宝可以同时准备两个奶瓶，分别用来喂水、喂果汁。人工喂养的宝宝则要视情况而定。比如宝宝在1岁之前，每天的喝奶次数较多，为保证及时消毒及替换，至少要准备两三个奶瓶，最好有一个专门喂水的。

（3）奶瓶的容量要根据宝宝的一次喂奶量而定，并且随着奶量的增加，及时更换。有些妈妈出于经济考虑，直接买最大号的奶瓶，这样并不好。一方面，如果用容量过大的奶瓶，喂奶时总是觉得宝宝吃得少，不知不觉就喂多了。另一方面，因为奶瓶一般4~6个月就需要更换，所以一开始就用最大号的并不能省钱。

奶瓶的常见容量有60 mL、120 mL、160 mL、200 mL、240 mL 五种。具体选择时，要根据婴儿的一次喂奶量来决定，不可过大或过小，否则用起来不方便。一般来说，新生的宝宝食量小，一次的喂奶量最多不会超过120 mL，因此推荐用120 mL的奶瓶喂奶，用60 mL的奶瓶喂水；2个月以后的宝宝，奶量增加，推荐用160～240 mL的奶瓶喂奶，120 mL的奶瓶喂水。

※<u>新生的宝宝胃容量为30～35 mL，3个月时为100 mL，1岁为250 mL，3岁增加到500～600 mL。</u>

（4）要注意奶瓶的材质。市面上的奶瓶材质大体上可以分为玻璃和塑料两种，其中塑料又可细分为几种。玻璃奶瓶耐高温、易消毒，但是易碎；塑料奶瓶轻巧不易碎，但耐高温性能差一些。一般来说，3个月以内的小婴儿以玻璃奶瓶为主，这些宝宝由父母在家亲自喂养，不必担心奶瓶摔碎问题。3个月以后的宝宝可以自己拿奶瓶时，塑料奶瓶就可以派上大用场了。

需要注意的是，目前市场上的塑料奶瓶分为PC、PP、PPSU等材质，而PC奶瓶多含双酚A。如果使用合格食品级PC材料，一般双酚A就不会超标是安全的。但由于塑料奶瓶在反复消毒后会磨损老化，溶出的双酚A就会增多，所以建议大家在使用塑料奶瓶时，消毒温度不要超过100℃，不要将奶瓶放在微波炉中消毒，使用几个月后就要更换。由于宝宝喝水的奶瓶通常会直接注入沸水，因此最好使用玻璃奶瓶。

（5）奶嘴开孔的形状和大小都要讲究。奶嘴的开孔形式有十字形和圆孔形。十字孔的奶嘴孔洞较大，吸吮起来比圆孔形的省力；圆孔奶嘴的孔洞也有大、中、小之分，圆孔越大，流量越大，吸吮起来也越省力。一般来说，大圆孔和十字孔奶嘴用来喝果汁和米粉这些流质食物更加合适。

奶嘴并不是开孔越大越好，而是要看宝宝的吸吮能力，以及喝什么而定。如果宝宝吸吮能力弱，就不能选奶嘴开孔太大的，否则宝宝很容易呛着。如果宝宝喝配方奶,可以从小圆孔奶嘴用起,等到2~3个月之后,再更换更大圆孔或十字孔奶嘴。

有时候,我们买的奶嘴的开孔不一定适合自己的宝宝。家长不妨多买几种奶嘴,观察宝宝的反应,从而选择出最适合宝宝的奶嘴。必要的情况下,家长需要亲自动手修改奶嘴开口的大小。比如,对于吸吮能力较弱的孩子来说,大、中孔奶嘴的孔洞太大,易使宝宝呛奶。可是,奶嘴的孔洞太小,吸吮又会很费力,易造成宝宝吸吮肌疲劳。这时,家长可以自己动手将开口扩大一些。

奶嘴的开口是否合适可以根据宝宝吃奶时的反应来判断。假如宝宝吞咽很急,可能奶嘴孔过大了;如果宝宝吸了半天,却不见奶量有明显的减少,说明奶嘴孔太小了。

由于奶嘴很容易损坏,因此一次要多准备几个。奶嘴的材质一般有天然乳胶、硅胶、乳胶与硅胶合成三种,其中,硅胶奶嘴最贵,且不容易被奶水和热水腐蚀。无论买哪种材质的奶嘴,都必须选购安全检验合格的产品,并且以触感柔软、弹性佳为宜。

(6)要考虑到宝宝的喜好。这一点非常重要,如果宝宝习惯了某种奶瓶和奶嘴,现在突然换成另一种,宝宝可能会出现抗拒的现象。

※宝宝的奶瓶要注意及时消毒,尤其是1岁以内的婴儿更要注意,至少早晚都要消毒一次。奶具消毒的方法很多,有煮沸法、蒸气消毒或紫外线消毒,相应的消毒用品也有很多,具体用哪一种,新手爸爸妈妈们可以自行选择。

糖糖妈育儿笔记

还在孕晚期时,我就准备好了奶瓶,刚开始买了两个240 mL的纳克(NUK)的玻璃奶瓶,买回来后,发现太大了，而且怎么看奶嘴都有点别扭，于是就换了贝亲的宽口径奶瓶，容量是120 mL，事实证明，我的决断是正确的。糖糖出生后纯母乳一直吃到6个月，以后才开始慢慢添加奶粉，但糖糖明显对奶粉"不感冒"，2岁前，每次喝的奶粉不超过60 mL。这两个玻璃奶瓶都被不小心摔碎了。后来糖糖爸出差带回来两个小黄鸭玻璃奶瓶，同样是120 mL的宽口径奶瓶，奶嘴竟然和贝亲是通用的，后来一直用。断奶后，糖糖对奶粉的需求量增加，于是更换了一个240 mL的硅胶奶瓶。这个奶瓶的奶嘴和瓶身都是纯天然乳胶做成的，造型是一个大肚子葫芦，说实话特别好用。每次都是糖糖自己抱着奶瓶在那儿喝，她喝完了随手一扔，我也不用担心"报废"。后来糖糖把两个奶嘴都咬坏了，因为买不到奶嘴，所以才弃之不用了。

因此，选奶瓶时千万不要图便宜，玻璃材质是不错的选择，但如果有条件，还是建议选硅胶奶瓶，塑料材质的奶瓶最好不要用。

婴儿着装"六忌"

在等待宝宝出生的日子里，家长们准备最多的恐怕就是衣服了。新手妈妈们往往更多关注的是如何将宝宝打扮得漂漂亮亮，却忽略了宝宝着装最该注意的事项。我把这些重要事项归纳为"六忌"。

（1）忌过紧。婴儿期的宝宝处于生长发育最快速的阶段，一天一个样儿，而且活泼好动。因此，着装要以宽松、不约束身体活动、穿脱方便为宜。太紧的衣服会阻碍婴儿活动，影响其生长发育，一不小心还会勒住宝宝的手脚，影响血液循环，造成肌肉坏死。

（2）忌化纤面料。婴幼儿皮肤细嫩，而化纤面料的衣物往往比较硬，不透气，容易产生静电，如果给宝宝贴身穿着，易磨伤皮肤，还会引起过敏或瘙痒。宝宝的服装应选择柔软、吸水性好的纯棉面料，尽量不要选深色的衣服，尤其是贴身衣物一定要选择白色或淡色的。一是颜料可能会刺激宝宝的皮肤，二是如果宝宝大小便了，深色衣服很难及时发现。

（3）忌做工粗糙、褶皱过多。婴儿服装的款式以简洁为好，不要图好看而选择有太多花边、褶皱的衣服，这些突出的装饰很可能会磨伤宝宝的皮肤，导致感染。同时，一定要注意检查边角处和接缝处，不能有硬棱、不平整等问题，以免磨伤宝宝的皮肤。

（4）忌接触化学物品。婴幼儿的服装不要接触樟脑球、灭虫药等有毒的化学物质，尤其是内衣裤、尿布等更应避免，以防化学物质经皮肤进入宝宝体内导致中毒。宝宝服装最好的消毒方法是晒太阳。

（5）忌放置时间太长。宝宝穿上在阳光下晒过不长时间的衣服是最好的，如果衣服存放时间长了，会滋生细菌。在此提醒爱美的妈妈们，不要给宝宝准备过多的衣服，衣服太多，轮换的周期就会长。一般情况下，冬季准备4套，夏季准备6套，春秋季准备3套，能正常更换就可以了。

（6）忌穿松紧带衣裤。婴儿尽量不要穿松紧带裤子。一方面，松紧带会勒着孩子，限制婴幼儿胸、腹的发育；另一方面，松紧带的裤子很容易随着宝宝的活动而致衣裤分离，使小肚子和腰板受凉。婴儿最好穿背带式连衣裤或背带裤，不仅穿脱方便，而且舒适。如果一定要穿松紧带的衣裤，松紧带一定要松。

> **糖糖妈育儿笔记**
>
> 糖糖出生后的衣服以舒适安全为主,美观漂亮排在了后面。在材质上,纯棉是首选,除了冬天穿的羽绒服外,糖糖的衣服一律是纯棉质地。款式上以宽松为主,简洁大方,没有多余的设计,颜色多是浅色,尤其是贴身的衣服,因为颜色鲜艳的必定染料也多一些。糖糖很少穿裙子,虽然很好看,但仅限于穿上臭美一会儿,因为穿裙子在她乱动时容易露出小肚子,为了避免着凉,外出时也一定会换上裤装。因为看到过裤子上的松紧带太紧而影响宝宝发育的报道,所以我给糖糖穿的裤子裤腰都不会太紧。如果新买的裤子太紧,我会给它重新换一条松紧带。

选择婴儿枕头,高度、宽度是重点

宝宝出生后,妈妈该如何为他选择枕头?几个月的时候开始睡枕头合适?这个问题在很多新手妈妈眼中不算大事。然而,这种认识是错误的,给婴儿选择枕头的事非但不小,还很重要。

1岁以内是宝宝头部发育的重要阶段,有个适宜的枕头有利于孩子头部血液循环,促进生长发育。反之,如果选错枕头,不仅会影响孩子的头颈部生理功能,还可能造成某些部位发育畸形。然而,选对了枕头,如果没用对,也可能影响孩子的头部发育。可见,给宝宝选对枕头,并且正确使用枕头是非常必要的。

切忌使用小米、绿豆甚至书等硬物作枕芯的枕头。

我在工作中经常遇到睡硬枕头而导致宝宝的头皮损伤的事例。

睡硬枕头的危害还在于会伤到骨骼，要知道，婴儿骨骼的钙化不完全，骨缝尚未闭合。如果睡硬枕头，头部骨骼受到挤压，会出现骨缝重叠或分离，加之小宝宝活动能力差，反而会使头变偏。

3个月以前的宝宝没必要睡枕头。这个阶段的婴儿颈部较短，头部的宽度与肩同宽，甚至大于肩部，平躺时，后脑勺与脊柱处在同一平面上，颈、背部肌肉自然松弛，侧卧时，头与身体也在同一平面。因此，不提倡给该阶段的婴儿使用枕头。如果睡较高的枕头，反而会影响孩子的呼吸通畅。但是，由于现在的床垫普遍较软，初生儿使用低一些的宝宝专用枕头也是可以的。

枕头要随着婴儿的成长而进行更换。不能一个枕头从小用到大，更不能用成人枕头给婴幼儿凑合使用。婴儿长到3个月时开始学习抬头，此时颈段的脊柱出现向前的生理弯曲。为了维持生理弯曲，保持体位舒适，婴儿出生后3个月就需要使用枕头了。一般来说，婴儿枕头的高度以3~4cm为宜，具体使用时要根据婴儿的发育状况，逐渐调整枕头的高度；枕头的长度最好与婴儿的肩部同宽。

材质要安全。婴儿使用的枕头、枕套应选择透气、吸汗的纯棉布制品，或者使用更高档的真丝枕套，切不可贪便宜买劣质产品。

枕头不能太软，同时要关注宝宝的睡姿是否安全。由于婴儿的自身动作能力不完善，睡觉时不能调整自己的姿势，如果不小心把脸埋入柔软的枕头里，或者头部滑离枕头，呼吸受阻，自己难以摆脱困境，就会导致窒息的发生。因此，为宝宝选择的枕头不能太软，同时，家长的看护也要及时和认真，避免宝宝头部因枕头而发生意外。

※同理，婴儿床上用品，包括被子、垫子等也不可太软，婴儿睡觉时，周围不要摆放毛绒玩具，以防发生窒息。

※给宝宝盖被子，只盖到胸口位置，或者将脚那头的被子掖在床垫下面，防止孩子将被子拽走盖住口鼻。

要保持枕头的卫生。婴儿新陈代谢旺盛,头部容易出汗,因此,枕套要勤洗勤换,保持清洁,枕芯也要经常在太阳底下暴晒,最好每年更换一次枕芯。

小常识:保持好头形,睡姿最重要

宝宝1岁以前,家长们大可不必担心宝宝的头形状不好看。因为,宝宝的头部在出生后的前几个月是一生中生长最快的时期,例如,新生儿头围平均为34 cm,1岁时达到46 cm,此后增长放缓,2岁时只有48 cm。由于早期头骨急剧生长,婴儿的头很难左右对称,即使头面部有些偏斜,在1岁时也会变得不明显了。另外,头形状主要与遗传有关,家长们只要保证在宝宝生长过程中尽量避免外力的不良影响即可。

需要注意的是,如维生素D缺乏性佝偻病导致的头部变形或先天斜颈等,则需要家长警惕,及时就医。

要保持好头形,选择合适的睡姿是最主要的。要提醒妈妈们的是,一定要让宝宝适应各种睡姿,每2~3个小时给宝宝更换一次睡眠姿势。切不可只习惯某一种睡姿。比如,一般认为,侧卧是婴儿最安全的睡姿,但是,侧卧时不要只冲一边,而是要左侧卧和右侧卧交替。一旦宝宝固定了某种睡姿,纠正起来就难了。比如,有的妈妈听说右侧位睡觉对心脏好,就一直让宝宝这样睡,结果头睡偏了,习惯也形成了,想要纠正就非常困难了。

糖糖妈育儿笔记

糖糖出生后2个月没有用过枕头,都是头枕着床呼呼大睡。2个月后开始尝试用枕头。枕芯是最常用的荞麦皮。因为糖糖一直采取的是自由式睡姿,无意中我发现糖糖的后脑勺不对称,右侧比左侧要扁。原来糖糖睡觉时总是采取右侧卧,帮她调整到仰卧或是左侧卧,不到两分钟又恢复了右侧卧。因为担心糖糖长大睡成偏脑袋,所以我想尽各种办法想让糖糖左侧卧,可糖糖就是不配合。这样反反复复的,一度影响到糖糖的睡眠质量。后来我竟然把希望寄托于网上热卖的定型枕头。试过几次后,我彻底放弃了。定型枕头不仅不管用,还存在着风险,由于形状是U型,两侧固定后,糖糖睡觉时,头左右摆动几次还是会侧脸,这样很有可能会窒息。无奈只好任由糖糖选择舒服的睡姿了。没想到,随着年龄的增长,糖糖的睡姿越来越多样化,偏脑袋竟然好了起来,到了上幼儿园时,已经完全看不出来了。

宝宝尽量穿满裆裤,开裆裤不安全

从健康和安全的角度来看,开裆裤对婴儿来说,弊大于利。

(1)穿开裆裤使宝宝的臀部裸露在外,前后通风,容易受凉而引发感冒、腹泻等疾病。婴幼儿的屁股占身体表面积的5%以上,再加上腰部、下腹部和大腿部都会因为穿开裆裤而有不同程度的受凉,总的受凉面积可以达到体表面积的10%以上。

（2）穿开裆裤既不安全，也不卫生。1岁左右的宝宝已经开始站立并学习走路，但是，这个阶段的宝宝因为步态不稳，最容易在地上爬、坐，如果穿着开裆裤，裸露的部位就会受到地上的污物，尤其是细菌或小虫子的侵染容易使宝宝患上尿道炎、膀胱炎、泌尿系统感染等疾病。特别是女宝宝，会阴部和尿道口更容易受污染而引发感染。此外，宝宝穿着开裆裤活动时，暴露在外的臀部、外阴部由于没有保护物，容易被锐器扎伤或者被火或热水烫伤。

（3）男宝宝穿开裆裤容易养成玩弄生殖器的不良习惯，还会养成宝宝大小便无规律和随地大小便的不良习惯。

（4）穿开裆裤对宝宝的隐私不利。宝宝虽小，但家长也应该保护他们的尊严，让宝宝在大庭广众之下露着小屁股既不卫生，也不雅观。宝宝长大后看到自己小时候的露屁股照片也会很尴尬。如今，越来越多的家长不再让宝宝在公共场合露屁股了，应该说，这是一种好的现象。

综上所述，在条件允许的情况下，爸爸妈妈不要怕辛苦，至少要在宝宝学会坐和爬以后，更换满裆裤。

当然，尽管穿开裆裤有不少缺陷，但是，周岁以前的宝宝尚未形成自主大小便的习惯，也不会穿脱衣裤，穿开裆裤还是有方便之处的。这就要求家长们，在方便自己的宝宝的同时，注意做好保护工作，尽量避免开裆裤的缺点。婴儿未满1岁时，只在家穿开裆裤，在地上活动时，要垫上尿布。外出或天冷时，里面穿开裆裤，外面穿一条满裆裤。等宝宝满1周岁后，就开始穿满裆裤，并开始逐步训练宝宝自己大小便。

糖糖妈育儿笔记

糖糖在会爬前,在家里一直穿的是开裆裤,外出时会换上满裆裤。八九个月大会到处爬了,一整天穿的都是满裆裤。但是在寒冷的冬天,外出时,我会给糖糖在里面穿一条开裆裤,因为有时她会在外面尿尿,这样脱掉保暖的外裤后,冷风不会吹到小肚子和后腰。2岁后,糖糖就彻底不穿开裆裤了,这时她已经能控制排便,有尿意也会忍到我找到卫生间再解决。

个人觉得,如果是女宝宝,妈妈们应尽量给宝宝穿满裆裤,一来干净卫生,二来也可以培养孩子保护自己的隐私;如果是男宝宝,穿开裆裤的时间可以相对延长一些,但在寒冷的冬天绝不可以穿开裆的棉裤。

挑选学步鞋,软硬、大小、款式最重要

当婴儿长到10个月左右时,开始学扶站、练习行走,就需要用脚支撑体重了,此时,鞋子的作用就不仅仅是保暖了,还会影响脚部的发育,因此,给婴儿穿一双合适的学步鞋显得非常重要。

新手爸妈要学会区分学步鞋和普通鞋子,两者不是一回事,功能也不同。学步鞋是宝宝学步阶段的鞋子;当宝宝不需要大人扶持就能够独立行走时,就要穿硬胶底的童鞋了。

许多家长因为婴幼儿的脚长得快,会特意给宝宝买大一些的鞋,觉得这样可以穿时间长一些,还有些家长让宝宝凑合着穿明显

小了的鞋子。以上这些做法是错误的。

想给宝宝挑一双合适的学步鞋，重点在下面几个细节。

（1）给宝宝挑选鞋时，要大小合适，鞋面要宽松。0~3岁是宝宝足部的发育时期，脚部骨骼还在成长，足弓尚未发育完全，脚掌脂肪层又比较厚，无法完全吸震，所以宝宝走起路来总是摇摇晃晃的，重心无法像大人一般稳固。太大的鞋子不贴脚，会影响宝宝正确的走路姿势，更容易感到疲劳，还容易摔跤；太小的鞋子则会压迫脚部血管，造成血液循环障碍，影响脚掌和脚趾的正常发育，甚至会引起趾骨变形，还会导致脚肿和趾甲嵌入肉内。另外，不合脚的鞋子无法有效发挥吸震作用，容易伤害宝宝脆弱的脚部关节，影响足部的发育。

由于宝宝的足弓尚未发育完全，加上脚趾较短，所以当宝宝站立的时候，脚指头呈张开的状态，选择宽鞋面的鞋才能让宝宝的脚指头完全伸展。

测量学步鞋是否合脚的简单方法如下：妈妈先帮宝宝穿好鞋子，然后将自己的手指伸进鞋内，试试手指离鞋面，以及宝宝的脚后跟与鞋后帮的距离，确保有0.5~1cm的距离（约容得下半根到一根手指）。一般来说，当宝宝穿上鞋后，长宽各有1cm左右的空隙最为理想，这样不会让脚指头伸缩困难。如果空隙不足半根手指的粗细，鞋头隐约可摸到宝宝的脚指头，就表示这双鞋小了。

当孩子脱下鞋子之后，如果脚背、脚两侧有明显的勒痕，或脚跟泛红，就表示这双鞋对宝宝来说太小了。

（2）学步鞋的鞋面、鞋底不能太软，鞋底防滑效果要好。婴幼儿学走路经常摇摇晃晃，因此鞋底要有防滑设计，鞋底不能太硬，也不能缺乏弹性，否则吸震力和抓地力会比较差。妈妈在选鞋时可以用手压一压鞋底，最好鞋的前1/3处可弯曲，后2/3处稍硬不易弯折。同时，学步鞋的鞋面以柔软、透气性好的面料为佳，但也不能太软。鞋面太软的鞋支撑力不足,对足部的保护力也低。

(3)学步鞋要包脚。婴幼儿的脚趾还未定型,因此,学步鞋的包覆性要好,免得脚变形。注意不要让宝宝穿拖鞋,穿拖鞋时脚趾用力,容易长成八字脚,影响走路姿势。另外,夏天不要给宝宝穿露脚尖的鞋,免得碰伤脚趾。

(4)鞋的透气性、吸汗性要好。婴幼儿新陈代谢快,脚掌容易出汗,因此宝宝的学步鞋的吸汗性要好,以皮鞋材质的鞋垫或布材料为好。市面上大量出售的人造革婴儿鞋虽然软硬合适,也美观,但透气性差,不可让宝宝长时间穿,否则脚一直处于较潮湿的环境中,足韧带易拉长松弛,影响足弓的形成;另外,足部的湿热环境利于病菌繁殖,时间长了会导致宝宝足部皮肤感染。

(5)鞋子小了或磨损了就要及时淘汰。因为宝宝的小脚丫长得很快,一双学步鞋一般只能穿45天左右就不大合脚了,要及时更换,不要让宝宝穿小鞋。如果是童鞋,家长也要每隔3~4个月检查一下是否小了。另外,如果宝宝的鞋磨损严重,无论大小是否合适,都该及时为宝宝换双鞋。

※适当让宝宝光着脚走路,可以让宝宝的脚受到更多刺激,对宝宝的足部发育有很好的帮助。

第二章
日常护理,这些关键问题不容忽视

婴儿期的宝宝最重要的是什么?学吃,学睡,学排便。吃不好,睡不好,代谢不好,都会严重影响宝宝的生长发育。为了宝宝的健康成长,就要从宝宝刚出生起照顾好宝宝,包括喝奶、吃辅食、换尿布、洗澡、穿衣等,每个细节都要注意。

新生儿有几个异常现象，不要反应过度

从分娩出生到28天的婴儿，叫新生儿，这段时间称新生儿期。新生儿期时间虽然不长，却是儿童发育的第一个重要阶段。同时，新生儿刚刚接触外部环境，身体各项机能都处在适应和调整期，因此会有一些在成人看来反常的现象。新手爸妈遇到这些情况时往往手足无措，四处求医。

一般来说，新生儿出现下面这些现象时是正常的，只要不超出安全范围，家长就不必太过担心。

（1）呼吸时快时慢，频率波动较大。出生后头2周的新生儿呼吸频率波动较大，这是正常的生理现象。因为新生儿的中枢神经系统还没有发育成熟，呼吸节奏无法像成人那样有规律，时快时慢是正常的。特别是当宝宝睡着时，有时会出现快慢不均、屏气等现象，这都是正常的，家长不必担心。但是，假如宝宝呼吸频率少于20次/分钟或者大于80次/分钟，就不正常了，要及时去看医生。

（2）心脏有杂音，心率波动较大。最初几天，新生儿有可能出现心脏杂音，许多新手妈妈以为这是先天性心脏病的症状，惊吓不已。其实，这是由于新生儿动脉导管暂时没关闭，血液流动时发出的声音，过一段时间就好了。

同时，由于新生儿心血管还在调适期，心率波动范围较大也是正常的。通常情况下，出生24小时以内的新生儿心率在85～145次/分钟之间波动；1周内的新生儿心率在100～175次/分钟之间波动；2～4周内的新生儿在115～160次/分钟之间波动。只要不超出这个范围就是正常的。许多新手爸妈看到宝宝心跳快慢不均就心急火燎，

这是没必要的。

（3）新生儿体重不升反降。有妈妈问我："我儿子刚出生时体重9斤，7天后体重减轻了1.3斤，40天后体重增到8.3斤，这种情况正常吗？在此期间，宝宝一直喂奶粉，偶尔有腹泻现象。"

这位宝宝出现暂时性体重下降是新生儿的正常生理现象，并不罕见。新生儿出生后3~5天的时候都会出现暂时性体重下降，这是由于排出胎粪和尿，并且进水、进食少等原因造成的。正常的体重下降幅度不会超过体重的10%，而且在1~2周就会恢复到出生时的体重。如果新生儿的体重下降幅度超过10%，并且2周后仍未恢复，就属病理状态，家长要尽快寻找根源。喂养不当、奶量不足、吐奶、稀便、腹泻等都可能是病因。比如上面这位宝宝，由于喂养问题，加上一直有腹泻现象，所以，体重恢复得慢了一些。如果妈妈拿不准宝宝的体重变化是否正常，可以去医院检查一下。

（4）做出怪表情。新生儿有时会出现下颌或肢体抖动的现象，面部也会时不时做出一些怪表情，如皱眉、皱鼻子、咧嘴、咂嘴、空吸吮等，新手妈妈看到这种情况就慌了，以为宝宝是抽风了或者有什么毛病了，吓得不得了。其实这些都是正常的。新生儿神经发育尚不完善，对外界的刺激缺乏定向力，容易做出泛化反应。怪表情都是泛化反应的表现，妈妈不必紧张。比如听到外来的声响或身体的任何部位被碰触时，宝宝的反应都差不多：全身抖动，四肢伸开，然后很快屈曲，成拥抱状。

需要强调的是，如果宝宝长时间重复一个表情动作时，就有可能是病了，要尽快去看医生。

（5）使劲，憋得小脸通红。新生儿会自己使劲，有时憋得小脸通红。新手妈妈就担心，是不是宝宝哪里不舒服呀？其实，宝宝使劲是在舒服地伸懒腰，活动筋骨呢。此时，妈妈不要抱着宝宝不让孩子使劲，那样反而会让宝宝不舒服。

要想小儿安，三分饥与寒

常有家长来问我："我家宝宝不知道是什么原因，三天两头拉肚子怎么办？""我家的孩子经常伤风咳嗽，可是衣服穿得也不少，这是什么原因？"婴幼儿容易生病，虽然一部分原因与婴幼儿容易感染一些流行病有关，但更主要的原因还是平时的饮食不当和穿衣不当。如果家长平时注意了这两点，宝宝就会少得很多病。

中国有句俗话："若要小儿安，须带三分饥与寒。"从预防学的角度来看，这话很有道理，同时也是新手爸妈们平时照顾宝宝的一个重要原则——别撑着和捂着孩子。

所谓"三分饥"，就是说不过度喂养，不要让孩子吃得过饱。现在的家长在喂养宝宝时都会犯一个错误，就是唯恐孩子吃不饱，在孩子不愿再吃的时候，仍强迫孩子进食。假如孩子对某种食物表现出偏好，家长就一味地让他吃。曾经有一个婴儿因为鼻子经常流血而前来就诊，经检查，鼻腔没有毛病，询问家长后才知道，这个宝宝喜欢吃巧克力糖，家长竟然一个月内给他不停地吃巧克力！如此密集地让宝宝吃高热量的巧克力，不上火才怪。

长期让宝宝吃太多，会让婴幼儿本就脆弱的肠胃负担过重，由于消化功能经常处于紧张状态，很容易出现紊乱，诱发腹泻等疾病。多数腹泻患儿在大便常规检查中，就发现不消化的食物和脂肪球，说明大多数婴幼儿腹泻是由过度饮食造成的。另外，吃太饱还会为婴儿肥胖埋下隐患。可见，婴幼儿日常进食量只要能满足代谢需要，"带三分饥"是可以的。

那么，家长如何把握这"三分饥"呢？可以看孩子的表现。比如喂奶或者喂辅食时，孩子用嘴顶出来不吃，应立刻停止，不要强喂。有些宝宝饭量比较大，家长不能由着他吃，可以在饭前让他吃一些水果和汤，同时要注意诱导，让宝宝养成饱了就停止的习惯。如果宝宝有一定的语言交流能力，家长也可以用言语来诱导，等孩子吃得差不多时，问他："你还饿吗？"孩子不太能够区分饱和撑，但饿感是知道的，如果宝宝说不饿，就可以不吃了。

另外，孩子在生病期间的消化功能稍差，此时应在原有饮食量上再减少一些。

衣着过多的小儿更容易患感冒咳嗽。因为衣服穿得太多，使汗腺松弛，对冷热的反应不敏感，更容易被风邪侵袭而发病。而衣衫单薄的小儿却很少患病，原因在于他们已经获得对冷热空气变化的适应能力。

我将"寒"式育儿分成两个层次。

第一个层次就是不要给宝宝穿太多衣服，不要捂着宝宝。婴幼儿的体温一般比成年人高，而且阳火旺盛，活动量又大，穿得太多容易使宝宝一动就出大量的汗，若不能及时擦干汗水、换上干爽的衣服，则很容易让宝宝着凉生病。尤其是秋天，气温由暖转冷，正是锻炼宝宝耐寒能力的最佳时机，一捂反而容易上火生病。

宝宝穿多少衣服合适呢？与爸爸妈妈一样多就可以了，甚至可以有意让孩子略微少穿一点，培养宝宝的御寒能力。

第二个层次就是有意识地对宝宝进行耐寒锻炼。小孩子之所以较成人易患感冒，这主要是由小儿的中枢神经、呼吸系统，以及机体免疫功能等尚未健全造成的。如果家长平时能有意识地让宝宝进行耐寒训练，使孩子体内慢慢产生抗寒能力，患感冒的概率就会大幅降低。

婴儿耐寒锻炼的方法很多，比如穿的衣物逐渐减少，慢慢降低洗手洗脸的水温，户外活动的时间和次数逐渐增加等都不错。无论采用什么方法，每次以宝宝不打喷嚏、不流鼻涕、不打冷战为宜。

糖糖妈育儿笔记

"三分寒"在糖糖身上真的是非常实用的育儿法则。在糖糖六七个月大时,糖糖因穿得多,被热得大哭。我和糖糖爸无论怎么哄都不行,直到三个人都出汗了,才想到给糖糖脱件衣服。结果一脱衣服,糖糖竟然不哭了,又伸胳膊又踢腿的,还"咯咯"地笑起来。我们这才恍然大悟,孩子竟然是热得难受,因为无法用语言表达,所以只得用哭来提醒妈妈。从那以后,糖糖的穿衣法则就是和妈妈一样多、一样厚,甚至比妈妈还要少一件、薄一些。到了3岁后,糖糖完全学会了自己换衣服,热了就立马脱掉一件或是换一件薄的;冷了就自己加一件衣服。

"三分饥"也是一样的。还在吃奶时,如果感觉吃饱了,糖糖就会用小舌头把奶头或奶嘴顶出来,即使我再怎么努力想让她多吃一些,糖糖都会紧闭嘴巴,一副拒奶嘴于千里之外的样子。有一段时间,糖糖养成了让奶奶喂饭的习惯,我和糖糖爸研究后,决定立即改正这一坏习惯。刚开始,糖糖还哭着让奶奶喂,幸好奶奶也坚决地站在我们一边,只一天的时间,糖糖就投降了。一星期后,糖糖就已经完全适应自己吃饭了,吃饱了就放下筷子,我和糖糖爸也不纠结她吃得多还是少,任其自己决定。

个人认为,宝宝的饥饱、冷热会自己感知,宝爸宝妈们不必过于苛求。如果太过于关注,以自己的感知去"误导"宝宝,会养成孩子四五岁了都不知道饥饱、冷热的后果,对孩子的生长发育有弊无利。

裸着不如穿件薄衫凉快，再热不能光着小脚

前面我们说不能让宝宝穿太多，但是，家长们也要防止走到另一个极端，就是让宝宝裸着，露着小肚皮、光着小脚。

在炎热的夏天，很多家长让宝宝光着身体，认为这样会使孩子舒服、凉快。其实，不穿衣服并不比穿一件吸汗性好的棉质薄衫凉快多少。相反，穿一件棉衫不但吸汗，而且还能阻止细菌侵犯皮肤、避免磕伤等，更重要的是，还能避免宝宝的肚子因受凉而引起腹泻。由于婴儿肠胃功能比成人弱得多，因此不让小肚子受凉是日常护理中的保护重点，无论多热，至少给宝宝穿个小肚兜，睡觉时也要盖住小肚子。

许多家长觉得婴儿不会走路，天气不太冷时就让宝宝在室内光着小脚丫，以为这样是解放天性。其实，这种做法也是不对的。

首先，婴儿的血液多集中于躯干，分布于四肢的血液则较少，如果不注意保暖，血管末梢容易出现青紫。此外，婴儿的体温调节功能尚未发育成熟，对环境温度的变化无法及时应对。同时，婴幼儿体表面积大，产热能力小，散热能力强，当环境温度较低时，如果没有保暖措施，手脚就容易冻着。如果此时宝宝光着脚，那么摸他的小脚一定是凉凉的。

其次，袜子可以保护宝宝的脚不受伤。随着婴儿的月龄增长，其下肢活动也越来越多，只要是醒着，几乎都在乱动乱跳，穿上袜子可以减少意外损伤的发生。

最后，袜子可以挡住环境中的污染物和蚊虫叮咬。一般来说，家长们更关注宝宝的小手卫生，脏了就会立刻擦拭，却不常擦小脚。如果婴儿光着脚活动，地面上、床面上、空气中的有害物质就

会沾染在脚上，通过宝宝娇嫩的皮肤侵袭身体，增加感染的机会。另外，给宝宝穿上袜子还可防止蚊虫叮咬。

总之，给婴儿穿袜子对宝宝的身体健康益大于弊。

为了防止出现意外，宝宝的袜子一定要选择透气性好、柔软的棉袜。袜子的大小要合适，不可过紧，否则会影响血液循环，影响宝宝脚的正常发育，也不可过于松大，否则穿着既不舒服，也不方便。宝宝的袜子要经常换洗，不可长时间不洗。

糖糖妈育儿笔记

写到这里，就觉得泪崩啊。糖糖就养成了光脚丫的习惯，一直到现在都没有改过来。也不知是从何时开始的，糖糖回到家就不愿意穿袜子，脱鞋脱袜子是一个连贯的动作。理由是"太热了"。糖糖不仅不穿袜子，还老"忘记"穿拖鞋，经常是刚才还穿着呢，眨眼间就光着一双小脚丫在房间里乱跑。我和糖糖爸只要看见了，就提醒她穿拖鞋，一半的情况下，糖糖会回头找到拖鞋穿上，一半的情况下是转身跑向沙发或床。为了让糖糖爱上穿鞋，我给她准备了好几双室内穿的鞋，如小布鞋、凉鞋等，每次都是新鲜几天，过几天就恢复了老样子。因为穿拖鞋的事，我们多次向糖糖绷着脸以示提醒，虽然当时有效，但过后还是老样子。我曾尝试要求糖糖只穿袜子（可以不穿拖鞋），糖糖爸认为那是在鼓励糖糖在室内不用穿拖鞋。讲道理、诱骗、吼叫各种软的硬的都尝试过了，但糖糖依旧"我行我素"。

在此奉劝新手爸妈们，如果想让宝宝养成好习惯，一定要从一开始就严格执行，千万不要任其发展，否则到时你想纠正都纠正不了了。

不要宝宝一哭就用乳头哄，找准"泪点"才是止哭的关键

"宝宝怎么又哭了？！"

这个困惑毫无疑问可以名列"新手妈妈最头痛的十大育儿难题"之列。所有的父母都希望自己的宝宝整天恬静乖巧，吃饱了乖乖地玩，乖乖地睡。可惜不哭不闹的宝宝是不存在的。哭闹是宝宝与生俱来的生存技巧，等到宝宝长到两三个月后，醒着的时间长了，哭闹的次数就更多了。

有些妈妈以为宝宝哭就是饿了，于是就给宝宝吃奶，结果宝宝吃太多了不断溢乳。事实上，宝宝哭闹不只是想要吃的，也可能是希望有人陪着玩，或者仅仅是想得到妈妈的安抚。尤其是母乳喂养的宝宝，对妈妈的依恋情绪尤其重，不饿也会哭要妈妈抱。此时妈妈只要抚慰宝宝即可，不必喂奶。

※寻求妈妈的安抚是宝宝情感发育中不可缺少的情绪。妈妈至少每天要抱宝宝2个小时才能满足孩子的需要。不要只在吃奶时才抱宝宝，平时也要抱一抱，否则会使宝宝不饿也要吃奶，而事实上，他们真正想要的是妈妈的爱抚。

读懂宝宝哭闹的真正意图，找对宝宝的"泪点"才是让宝宝快速止哭的最有效办法。如果能够对哭得天昏地暗的宝宝给予适当的反应，你就会发现，宝宝很快就会关掉"泪闸"。相反，学不会察言观色的新手爸妈们，就等着身心俱疲吧。

宝宝哭闹，通常有两大类原因：一是生理上的，二是情绪上的。诉求不同，哭闹的音量、节奏、动作和时间也各有特色。

1. 生理方面的主要表现

（1）饿了。宝宝饿了时，会断断续续地哭泣，哭声通常不急不缓，很有节奏，不尖锐，同时小嘴做出吮吸的动作，小脑袋左右转动。如果一吃到奶，哭声就戛然而止了，否则，哭声会越来越大，直到吃到奶为止。如果宝宝吮吸了几分钟后突然又大声哭泣，这时要考虑是不是呛奶了或者吮吸太费劲了，也有可能是奶水过热、过冷等原因。

（2）困了。如果宝宝一边哭，一边打哈欠，双手不停地揉搓鼻子和眼睛，哭声中透着不耐烦，那就是困了。

（3）尿了或拉了。如果宝宝吃饱睡足后发出较轻的哭声，同时双眉紧锁、身体扭动、双腿蹬被，有时还会小脸涨红作用力状，这是尿了或者拉臭臭了，感到有些不舒服。妈妈只要立刻更换尿布、清洁小屁股，就没事了。此时，如果没有人及时处理，宝宝会慢慢停止哭泣。新手妈妈遇到这种情况时，会以为宝宝是在闹小脾气而置之不理，殊不知，宝宝正不舒服着呢。

（4）热了或冷了。如果宝宝哭声响亮，同时舞动四肢、皮肤潮红，最大的可能就是热了。这时候，妈妈可以为宝宝减少衣被，或适当调整室内温度，或将宝宝移至凉爽的地方；当宝宝觉得冷时，会发出轻微乏力的哭声，肢体不太动，甚至身体蜷缩、嘴唇发紫，小手小脚冰凉。这时候，妈妈要为宝宝增加衣被，或适当调整室内温度，或将宝宝移至温暖的地方。通常做完上面这一切后，宝宝就会安静下来了。

※有妈妈会问，如何判断宝宝穿衣、盖被是多了还是少了呢？可以摸摸宝宝的颈背部，感觉到温暖或稍有薄汗，就是最合适的了。

（5）不舒服。如果宝宝哭起来没完没了，并伴随着各种小动作，这往往是不舒服了。这里说的"不舒服"是指非疾病状态，如吃撑了肚子不舒服、衣服太紧了、睡姿不舒服，等等。此时，妈妈要耐着性子，从头到脚仔细检查宝宝的身体。揉揉宝宝的肚子，看看是不是吃撑了，是不是需要拍个嗝；检查一下宝宝的尿布，看一下宝宝的鞋袜，看看是不是勒着了；如果是哭之前洗过澡，看看宝宝的耳朵是不是进水了；或者换个睡姿。总之，妈妈要有足够的耐心和细心找到令宝宝不舒服的原因，然后解决它。

（6）疾病引起的疼痛。如果宝宝突然发出尖锐的哭声，极有可能是与疾病有关，比如许多疾病都会伴有腹痛等。由于疼痛或者不舒服往往来得突然，因此，如果宝宝在大哭之前正在做别的事，这时会稍有停顿。

由于疾病引起的哭闹往往哭声很特别，与普通的哭闹很容易区别，且安抚没有作用。因此，如果自己的宝宝平时不爱哭闹，却忽然开始哭闹，或者持续发出不正常的哭闹，家长一定要重视，可能与疾病有关，要及时就医，切不可忽视或当作普通哭闹进行处理。

2. 情绪方面的主要表现

（1）生气了。如果宝宝哭声十分委屈，表情也很难过，小腿乱蹬，身子打挺，往往是因为不开心了。如果一直不被理睬，宝宝的哭声会越来越大，甚至变成号叫，此时妈妈一定要贴心地安抚。

（2）求关注。如果宝宝一边发出平缓的哭声，一边左顾右盼，一看到妈妈，就乞求地哼哼，假如妈妈没有反应，哭声又变得越来越嘹亮，这就是典型的"求关注"。此时妈妈只要微笑着出现在宝宝面前，然后抱起宝宝陪他一起玩，宝宝就满足了。

（3）害怕。宝宝在夜里或独处时突然发出刺耳的哭声，甚至伴随间断性号叫，还会出现惊吓状态，往往是害怕所致。此时可以把宝宝轻轻抱起来轻声安慰，通常宝宝很快就会平静下来。如果是夜惊，妈妈不必叫醒，也不要抱起宝宝，可以轻轻整理一下被服，或者给宝宝翻个身。

（4）很健康，用哭练练嗓子。如果宝宝发出抑扬顿挫的哭声，却没有眼泪，而且表情很轻松，哭几声就停下来了，这是宝宝在练嗓子呢。从医学角度来说，嘹亮的哭声往往代表良好的肺活量和生理状况。这时，妈妈不需要安抚宝宝，可以微笑着加以鼓励，如果能抚摸或轻轻晃一晃他的小手，宝宝会更开心。

在这里，我们还要讲一个存在于儿童世界却没有被家长意识到很重要的哭泣原因——秩序敏感。儿童有一个对秩序极其敏感的时期，这种敏感从他出生后的第一个月就会出现，并一直持续到第二年。儿童认为他周围的环境是一个充满各种东西的封闭环境。它们是固定不变的，这样的环境让他们感到很安全。当儿童看到一些东西放在恰当的位置时，他就会兴奋和高兴。可有时成人由于各种原因，会时常搬动和布置这些东西，儿童对此根本无法理解，这只会让他们感到远离安全，产生恐惧害怕。他们很无助，只能通过哭泣来表达自己的不满。这就是儿童秩序敏感期。在大多数情况下，婴儿毫无原因地哭泣并拒绝所有对他的安抚，这个时候可能都是由于这种敏感性。一个几个月大的婴儿随父母外出住酒店，一连几个晚上哭闹不睡觉，最后蒙台梭利用大枕头围成一个婴儿床的形状，这个宝宝就开心地躺进去呼呼睡着了。还有一个1岁的小宝宝吃饭时突然大哭不止，怎么哄也停不下来，最后细心的妈妈发现家人的餐椅摆放顺序不对，待调整过来后，孩子就破涕为笑了。

总之，因秩序敏感而哭泣的现象尤其存在于几个月大到2周岁之间的儿童身上，因为他们不会通过语言表达，唯一的通道就是哭泣。家长们要多注意这一点。对于已成固定格局的东西最好不要随意变换位置，以免诱发宝宝们的"无理由"哭泣。

小常识：不要对宝宝的哭闹置之不理，也不要让宝宝一声不哭

宝宝哭闹时，家长千万不可置之不理，这样会让宝宝觉得自己是个弃儿。这样次数多了，宝宝就会放弃与外界沟通，这对宝宝的心理健康有极大的负面影响。一般来说，如果婴儿哭泣是由生理需求所引起的，只要家长掌握好宝宝的生理需要时钟，如什么时候喝奶、尿布多长时间会湿等，然后有针对性地解决问题，宝宝基本就没有机会哭了。不要等到宝宝哭了很久才去解决问题，到了那个时候，家长就必须花更多时间与精力去安抚宝宝。

当然，也不要让宝宝一声不哭。哭是宝宝对外沟通的语言，也是家长判断宝宝哭泣原因的依据。同时通过每一次安抚宝宝，可以让宝宝学会更多与外界互动的方式。随着宝宝的逐渐成长，他就不会将哭泣作为对外沟通的唯一方式了。

糖糖妈育儿笔记

在糖糖八九个月大时，我们去奶奶家玩。当天正巧糖糖爸有事外出，得深夜才能回来。怕折腾孩子，我就决定在奶奶家睡了。没想到，小家伙怎么也不睡，一开始是兴奋，后来是哭闹，最后只好让糖糖爸接我们回家。回到家后，糖糖很满意地扫视了一下自己睡觉的床，然后舒坦地躺在大床上，很快就入睡了。当时我们只是模糊地意识到糖糖是对奶奶家的环境不熟悉。后来接触到了蒙台梭利的秩序敏感期，才恍然大悟。

因此，新手爸妈们，如果带宝宝去一个陌生的环境，请一定带一些宝宝饮食或睡眠所需的熟悉物品。

宝宝出生后，最好与爸爸妈妈分床睡

让婴儿与爸爸妈妈睡一张床，觉得这样便于照顾宝宝，还可以与宝宝更亲近。这是一个错误的认知。从安全及性格培养的角度来看，尽早培养婴儿独睡的能力才是科学的。

一方面，婴儿与大人睡一张床非常危险。大人睡着后，无法感知自己的动作，很容易翻身压着宝宝，或者不小心用被子或胳膊蒙住宝宝的口鼻，导致婴儿窒息。另外，大人呼吸会消耗大量的氧气，同时呼出的二氧化碳会整夜弥漫在宝宝周围，使宝贝得不到新鲜的空气。宝宝在睡眠时缺氧，不但会影响生长发育，还会出现做噩梦、突然哭闹不止等状况。宝宝与大人睡在一起，大人身上的病菌也很容易传染给宝宝。

另一方面，宝宝一直与父母同床睡觉，有可能滋生恋母或恋父情结，不利于培养独立的性格。长大后会过度依赖父母，适应环境的能力差，缺乏自爱、自律、独立的精神。

有些家长在宝宝三四岁的时候还与孩子同睡一张床，这种做法更不可取。要知道，孩子到了3岁左右时，已经有了最初的性别意识，此时是宝宝心理发育的一个重要阶段，如果还与父母同床睡，就有可能形成性识别障碍。

宝宝在3~4个月的时候就应该独立睡觉了。宝宝比较小的时候，可以在父母的床边放一张婴儿床，爸爸妈妈就近照看；等宝宝自理能力比较强时，比如晚上睡得很安稳、不乱踢被子、自己会上厕所时，就可以跟父母分房睡了。

至于具体什么时候与孩子分房睡，每个家庭的情况千差万别，不可以"一刀切"。我的建议是,确定何时与宝宝分床或分房睡,应该以宝宝、妈妈、爸爸都能接受,且宝宝分床或分房睡后,能睡得比较安稳、安全为前提。

为了让宝宝能够顺利地单独睡觉,家长可以试试下面的小窍门。

(1)布置一个安全的环境,让他有足够的安全感。宝宝之所以不愿意一个人睡,主要还是心理因素在作怪。因为他总是感觉不安全,所以才想依靠在父母身边。因此,给宝宝创建一个有安全感的环境是关键。6个月以下的宝宝,在他的小床周围不要摆放太多不需要的物品,例如,衣服、毛巾等,以免宝宝意外窒息。另外,可在宝宝的房间、卫生间、走廊里放上小夜灯,以减少他对黑暗的恐惧,让他更有安全感。同时,在保证环境安全的前提下,可以安排一些能够吸引他的玩具、音乐等。只要这些东西能让宝宝安心、有安全感,那么宝宝的情绪就将变得容易安抚,独睡也就更加容易。

(2)睡前讲个小故事,这样宝宝能够变得更稳当,更容易入睡。久而久之,等宝宝习惯了这种睡前仪式后,他就会明白,大人讲完故事后就该睡觉了。

(3)父母态度要坚定。刚开始,没有宝宝会主动愿意与爸爸妈妈分开睡的,如果父母态度不坚定,宝宝一哭闹就放弃独睡,那么再让宝宝独睡就更困难了。因此,即便宝宝一开始对独睡的反抗很激烈,家长们也要温柔而坚定地把他"赶"回去,要让他明白,父母肯定会坚决地执行这个做法,时间久了,宝宝就不会哭闹了。

(4)规律作息增强安全感。建立有规律的作息能有效增强宝宝的安全感,让宝宝情绪稳定。所谓规律的作息并非一成不变,关键是让宝宝的吃、睡、玩达到一个理想的平衡状态,让宝宝感觉安心、愉快。比如，可将一天的时间分成几个固定的阶段，如早茶时间、活动时间、午休时间、外出散步时间、睡前故事时间，等等。根据宝宝在该时段的生理状态来适当安排活动，久而久之，不但有利于宝宝安睡，而且对宝宝日后形成自律、信任他人的性格都有极好的帮助。

宝宝睡不好，智商、学商、情商都受影响

婴幼儿一天需要睡多长时间？这个问题没有绝对的答案。但是有一点是确定的，那就是，睡眠质量的好坏严重影响婴幼儿的成长发育，尤其对婴儿的视觉、听觉、嗅觉，以及注意力、沟通能力、处理信息的能力等方面的发展影响极大。大量的临床研究数据显示，睡眠质量好的宝宝，学商，也就是学习能力相对较强，智商和情商的发展也比睡不好的宝宝好。

这里所说的睡眠质量不但包括足够的睡眠时间，还包括有足够长的睡眠持续时间，那些夜间睡眠中断次数较多或睡眠中断时间较长的宝宝，记忆能力和辨别能力往往比较差，对学过的东西会比较模糊，很难察觉周围环境的变化。这是因为婴儿睡眠有一个从浅睡到深睡再到短暂清醒的循环过程，如果宝宝的睡眠时间不足，或者经常被打断，这个循环过程就无法完成，各项能力的发育就不足，人看上去总是蔫蔫的没精神，与妈妈的互动变少，活动、交往、学习能力都不如睡眠质量高的孩子。

有妈妈会问，宝宝睡多长时间才算够呢？这个不可一概而论。

由于不同宝宝的睡眠情况并不相同，有些睡得多，有些睡得少，判断宝宝是否睡好了，不能刻板地看睡了多长时间。只要宝宝

醒着的时候很安详、少哭闹，就不必担心他的睡眠质量。一般来说，刚出生的婴儿每天至少要睡17个小时，4~8个月的宝宝每天也需要13~14个小时以上的睡眠。2个月以内的宝宝每次睡眠时间最多只能持续5~6个小时就醒来了，除了吃喝拉撒之外的时间几乎都在睡觉。4个月以后的宝宝每次可以睡8~9个小时，家长从这个时候应该把宝宝的睡眠时间调整为一天两次，一次在下午，一次在晚上，同时应该有意识地培养宝宝的生物钟。

为了宝宝睡得好，家长要注意避免以下会影响宝宝睡眠质量的行为。

（1）半夜换尿布或叫醒喂奶。有不少妈妈认为半夜一定要给孩子喂奶，就算宝宝睡得很安稳，也要把孩子弄醒喂奶。其实，大可不必如此。只要孩子半夜睡得安稳没有哭闹，且各项生长发育指标正常，就不用刻意摇醒宝宝喂奶。随着宝宝年龄的增长，可以夜间不再进食，这样可以让宝宝全身的器官得到放松，睡眠会更安稳。

还有些家长每晚给宝宝更换三次以上尿布，绝大多数宝宝都会被闹醒，影响睡眠质量。这个问题很好解决，可以多垫一层尿布，假如宝宝尿了或大便了，将里面那层小尿布抽出来即可，不要大动干戈。

（2）过分关注宝宝的情况。很多年轻的家长一看到宝宝晚上有动作，就担心得不行，又抱又拍，反而打扰了孩子睡眠。时间长了，孩子还会对此产生依赖，入睡更困难。事实上，如果孩子半夜有动作，家长不需理会，可以用"哦哦"回应一下，或者轻拍一下，调暗四周灯光即可。

（3）妈妈晚睡，会导致宝宝晚睡。不少年轻的妈妈有晚睡的习惯，于是很晚给宝宝喂奶，导致宝宝也养成了晚睡的习惯。却不知道，午夜12点到凌晨2点，是孩子体内的生长激素分泌的高峰期。晚上10点之前入睡，到午夜12点左右正好是深度睡眠状态，能刺激孩子生长激素的分泌；如果晚睡，势必会严重影响宝宝的生长发育。

（4）睡眠环境不好。光线太强，噪声太多，太热、太冷、太干燥等外部因素，都会让宝宝睡不踏实。

（5）喂养不当。睡觉前吃太饱了或饿着肚子都会让宝宝难以入睡，因此家长应该根据宝宝的作息规律，科学地规划宝宝的饮食时间。

（6）缺钙、锌、维生素等营养物质。这种情况很容易出现在营养不良的宝宝身上，平时家长要注意宝宝的营养搭配。

总之，保证婴幼儿睡好是新手妈妈们要格外关注的问题，不要随便打扰宝宝睡眠，不要本着保护宝宝的好心，却办了坏事。

让宝宝安睡到天亮的窍门

"最近，我家宝宝晚上睡觉老是闹，吃饱了也闹，有时候抱着也不行，也不知道怎么回事！"

类似的问题几乎是每个精疲力竭的新手妈妈都遇到过的。如果评选"新手妈妈最头痛的十大育儿难题"，"晚上不睡觉"一定是其中之一。

让宝宝自觉自发地配合家长，一到晚上就甜甜入梦，这种好事是不存在的。不过，家长只要稍做努力，要做到这点也不难，因为在正常情况下，1岁以内的婴儿平均每天1/2～2/3的时间都在睡觉，而且，大多数宝宝到了4～6个月的时候就可以睡整夜觉了。因此，只要帮助宝宝形成固定的作息规律，让宝宝一觉睡到大天亮就不难了。

如何有效培养宝宝的作息规律呢？根据临床经验，我给新手妈妈们支几招,希望对你们有所帮助。

(1)调整最后一餐吃奶时间和奶量。很多时候,宝宝夜里醒来是因为饿了。当宝宝过了新生儿期后,奶量增加,夜间喂奶的间隔可以适当拉长。如果能让宝宝夜间睡得时间长一点,对宝宝和妈妈爸爸都是美事一桩。妈妈们可以让宝宝睡前最后一餐吃饱一点,睡前再多喂一次奶,或者调整喂奶的时间顺序,把最后一餐的时间安排得晚些,让宝宝不再因为肚子饿而半夜醒来。

※很多妈妈一见宝宝晚上哭醒了,就给孩子喂奶,这样做反而会养成孩子晚上睡醒了就要吃奶的坏习惯,不值得提倡。

※睡前不给婴儿吃得过饱,以免因胃肠不适而影响睡眠。添加辅食的宝宝,粥、面等固体食物应至少在睡前两三个小时喂,睡前再喝一点奶。

※睡前应先让宝宝排尿。

※晚上一定要喂奶的话,要注意尽量保持安静的环境。当晚上喂奶或换尿布时,不要让孩子醒透(最好处于半睡眠状态)。这样,当喂完奶或换完尿布后,宝宝会容易入睡。

※为了防止宝宝因为尿湿而醒,可以给他垫两层尿布,排尿后抽掉里面一层即可,不用换尿布。也可以用尿不湿,这样就不需要把尿、换尿布,切记,尿不湿不要包得太紧。

(2)培养宝宝的生物钟。在宝宝较小的时候,家长就要有意识地培养宝宝形成生物钟,让晚上睡整觉形成一种习惯。刚出生的宝宝是不知道白天与晚上的区别的,需要人为干预。家长可以利用灯光的亮度来帮助宝宝区分白天和黑夜,没睡觉前用较明亮的灯光,要睡觉时就把灯光调暗。这种做法可以帮助宝宝建立正常的作息规律。

什么时候让宝宝睡觉好呢?通常来说,晚上7~10点都可以,具体要看你家的生活习惯。

让宝宝感到困了之前就上床,这样可以让他养成自己入睡的习惯。为了让宝宝尽快入睡,家长在睡前可以做一些有助于宝宝平静的活动,比如洗澡、哺乳。睡前切不可过分逗引宝宝,以免孩子兴奋过度而睡不着。上床后,也不要给宝宝玩具,防止孩子因贪玩而不肯入睡。

※每个宝宝本身也有自己的生理规律,比如有的早睡,有的晚睡,爸爸妈妈要仔细观察自己孩子的睡眠规律,然后为自己的宝宝量身定制合适的睡眠时间表。起初可以多试几次睡眠时间,观察宝宝在不同时间入睡后,以及清醒时的精神状态,然后根据宝宝的最佳状态进行调整。

如果宝宝夜里睡眠时间短是因为睡够了,那么很可能是白天睡多了。家长可以利用下面的方法进行调节。

白天让宝宝少睡觉。有些宝宝对睡眠的需求较低,即使只在傍晚睡了半小时的觉,也可以坚持到半夜不睡。此时爸妈可以微调宝宝的睡眠习惯,例如,不要让宝宝在晚上6点以后睡觉;增加宝宝在睡前的活动量,累了自然就会睡得沉;让宝宝白天待在光线充足的地方,这种环境不容易入睡,到了晚上,尽量把房间的灯光调暗,保持安静,使宝宝尽快睡觉。

(3)安排一个相对固定的就寝过程。每天重复一套程式化的就寝方式,让其成为宝宝睡觉前的必要仪式,慢慢地,宝宝就会明白,做完这一切就该睡觉了。

注意睡前安抚。婴儿多数喜欢妈妈陪他一起上床入睡,这能够让孩子感到安心、愉快。因此,妈妈可以在宝宝睡前唱首甜美的催眠曲,讲个小故事,有利于宝宝安安稳稳地睡去。但要注意,不要让宝宝养成要妈妈抱着或者拍背、含着奶头才入睡的坏习惯,应该放在床上让孩子自己睡。保证舒适的环境,孩子盖的被子要轻软、温暖,不要太多,否则不舒服。

切记，不论宝宝多小，都要让他坚持遵守作息时间，包括假期和周末。

冷处理宝宝睡前的情绪性哭闹，半夜哭了也不必立刻抱起来。很多宝宝晚上不愿意睡觉，哭闹着要大人抱，这往往是出于心理原因。此时，只要确定宝宝不是因为身体不舒服而哭闹，妈妈便不要急着抱着哄，等宝宝哭累了，自然就会睡觉。要记得，在宝宝哭闹时，家长要在旁边静静地观察，免得出现意外。如此经历多次，宝宝知道哭闹没用，就不会闹了。

（4）如果宝宝夜里迷迷糊糊地醒来，妈妈也不要立刻回应，静等几分钟，一般宝宝都会慢慢重新睡着。如果孩子不停地哭闹，这时家长需要安抚一下，但不要亮灯，也不要把宝宝抱起来，或者逗弄宝宝，只需轻轻拍拍他即可。如果宝宝越哭越厉害，安抚无效，就要考虑一下是否因为饿了、尿了，或者看看有没有发烧等病兆。

必须要强调的是，家长在为宝宝建立良好的睡眠规律时，一定要循序渐进，不要一上来就大幅改变宝宝的习惯，让宝宝产生抵触情绪。此外，如果宝宝头一天半夜醒来不睡觉，第二天早上切不可让宝宝赖床太久，否则宝宝的睡眠规律就会不正常，久而久之，宝宝会养成白天睡觉、晚上活动的习惯。

糖糖妈育儿笔记

我一直觉得糖糖出生的头两个月里睡眠质量不高，其中的原因和我有关。糖糖出生的前两个月里，我担心纸尿裤会捂着糖糖的小屁屁，再加上有糖糖姥姥的照顾，夜里和白天一样使用的是纯棉尿布。糖糖只要是尿了，就会在那里蠕动、哼唧，

> 这时糖糖姥姥就会起来帮糖糖换尿布。因为是纯母乳，糖糖是吃得勤，尿得也勤，有时换了尿布，却不一定吃奶，这样一来，一个夜里要醒好几次。虽然糖糖不睁眼，但基本上也从深睡眠进入了浅睡眠。睡眠质量肯定大打折扣。后来糖糖姥姥走了，我一个人带着糖糖，夜里开始使用纸尿裤。一个晚上只需要换两次，而且可以和吃奶同时进行，夜醒次数明显减少，糖糖的睡眠有了很大提高。现在一想起来很是懊悔，孩子的睡眠是重中之重，当初自己却没有权衡利弊，结果既折腾大人，又苦了孩子。
>
> 个人认为，纸尿裤并没有那么可怕，夜里使用纸尿裤可以保护宝宝的睡眠质量，当然，新手爸妈们一定要选购质量上乘的纸尿裤。

护理用品摆放到位，可以快速制止婴儿夜间哭闹

婴儿夜间哭闹的原因很多，但大多数并非因为病痛，而是因为有某些需求，比如饥饿、尿急，等等。如果事先准备好相应的必需品，当宝宝因某些需求而哭醒时，妈妈就能够快速有效地处理，宝宝和爸爸妈妈都能轻松不少。

一般来说，宝宝夜间哭闹，除了突发疾病外，往往有以下原因：第一，饥饿、口渴；第二，想要大小便，或者已经尿床；第三，睡衣不舒服或被子盖得不合适；第四，被蚊虫叮咬；第五，睡卧姿势不好，引发呼吸困难或肢体不舒服，等等。为此，新手爸妈要有针对性地备好夜间必需品，并把它们放在随手可拿的地方。

（1）可调亮度的台灯。宝宝睡觉时不能有强光照射，可以在

顺手的地方放一盏可调亮度的台灯,既方便应对突发情况,也不会影响宝宝的视力和睡眠。

(2)哺乳用品准备好。宝宝夜间醒来最常见的原因是饥饿和口渴,只要及时吃到奶,宝宝就会立刻止住哭声。因此,睡觉前,准备好哺乳用品很有必要。母乳喂养的宝宝,妈妈只要事先准备好干净的毛巾,用以授乳前擦拭乳房即可。也可以睡前用吸奶器挤出奶水放入冰箱冷藏,需要时拿出来温热即可。喝奶粉的宝宝,妈妈要事先准备好奶粉,以及用以冲调奶粉的冷热水。热水要离床远一点,以免不小心碰洒。

(3)选一件宝宝最爱的小玩具放在容易拿到的地方,以便及时安抚宝宝。出生几周到3个月左右的宝宝会强烈地依赖某种能带来安慰的东西,如安抚奶嘴、某个玩具等,放一两件这样的小东西在床附近,当宝宝哭闹时,如果能够把玩这些东西,可以很快平静下来。

(4)将干净的尿布或被褥放在伸手可及的地方。婴儿,尤其是3个月以前的婴儿,夜间大小便相当频繁,如果不及时处理,极易使娇嫩的小屁股患上尿湿疹之类的皮肤病。

(5)在床附近备两件干净的衣服,以便来不及换尿布或者宝宝吐奶弄脏衣物时更换,防止冻着宝宝。

(6)在触手可及的地方放一些干、湿纸巾,便于清理大小便,或者清理喂奶、倒水时的污渍。

(7)在婴儿卧室的小抽屉里放置体温计及一些常用药品,以备不时之需。

(8)在抬头可见的地方挂一支温度计,可以随时判断宝宝是否因为室温过高或过低而哭闹。

当然,鉴于每个宝宝的情况有差异,益于夜间护理的有效物品不止上面这些,家长应根据自己宝宝的实际情况进行准备。无论在宝宝周围放置什么，都要遵守一个原则：清洁，取用方便，位置适当，安全。

宝宝的睡觉环境应该挤一点，"闹"一点

有妈妈问我："我家的宝宝5个月大了，每次抱着哄睡着后，一放到床上，她就会惊醒，然后哇哇大哭，手舞足蹈，好像很害怕的样子。我的动作很轻柔，可是这样的情况还是经常发生，是宝宝身体不舒服，还是别的原因呢？"

在妈妈怀中睡着的宝宝一被放下就大哭惊醒，这样的情况是很常见的。根据我的临床经验，主要与以下几个原因有关。

（1）缺乏安全感。月龄越小，越容易缺乏安全感。这个很好理解。宝宝在出生前被温暖的羊水包围了10个月，狭窄的子宫让胎儿特别有安全感。这种感觉在成人中也很普遍，比如那些缺乏安全感的人往往喜欢像胎儿一样蜷着睡觉。宝宝出生后，突然来到一个比子宫大无数倍的空间，周围没有东西挤压和倚靠，就会特别没有安全感。对于小婴儿来说，妈妈温暖的怀抱里比空旷的床更具安全感。当他被妈妈悄悄松开怀抱放到床上时，尽管妈妈的动作很轻柔，但宝宝却有一种突然从高处掉下来的感觉，很容易被强烈的失重感、无助感吓醒而哭闹。

在这种情况下，有些家长因为心疼孩子，就会多抱一下孩子，这样不是对的，会让宝宝对妈妈的怀抱产生过度依赖，从而越来越难哄睡。正确的做法是，让宝宝睡在比较"挤"的空间里，比如摇篮、婴儿车，可以在小床周围布置上床围、幔帐、靠垫等物，营造

狭窄的空间，让宝宝觉得有所倚靠。同时，还要注意营造舒服、安稳的睡眠环境，比如让宝宝睡固定的床、使用固定的寝具、听固定的音乐等，包括使用一些安抚小用品，如安抚奶嘴、小玩具等，这些都会让宝宝心安。

（2）身体缺乏某些物质，如缺钙、锌、维生素B_1，等等。如果宝宝缺钙，便会增加大脑及植物性神经的兴奋性，导致宝宝精神亢奋、烦躁不安、难以入睡，或者睡不安稳、容易惊醒，还会使宝宝更容易出汗，影响宝宝的睡眠质量。容易受惊吓是缺锌的表现，可以适当补些锌。

此外，缺乏维生素D、维生素B_1都会引起宝宝睡眠不安稳。这两种元素是影响钙质吸收的关键因素。

（3）睡眠环境过分安静。虽然宝宝的睡眠环境需要安静，但并不需要达到"针掉到地上都能听到声音"的地步，而是要"静中带着闹"。有些家长担心宝宝睡不好觉，门窗紧闭不说，连交流都是打手势。宝宝长时间在这种过于安静的环境中睡觉，会对外界的声响非常敏感，稍有响动就醒。虽然这些家长的愿望是好的，但结果却是得不偿失。

总之，让婴儿安心睡觉不是一件易事，年轻的家长们需要多花些心思。

糖糖妈育儿笔记

糖糖出生后的前两月睡在婴儿床里，两个月后，我把她抱在大床上和我一起睡，但小家伙明显睡得不踏实，不过，如果我在她的身边躺下来，糖糖就会很快沉沉睡去，这就是一种安全感。如果我不能陪着她，我就会在她的两边放两个成人枕的荞麦皮枕头，这样一来，有点儿像婴儿床，糖糖也睡得很安稳。糖糖睡着后，我们会保持一定的安静，但绝不是那种"掉到地上一根针都能听见"的，也绝对不会无所顾忌地弄出很大的动静来，总之，就是不会太吵闹的那种，在平常的动静中会稍微轻一点。但不可否认的是，因为长期的简单的三口之家，现在糖糖已经适应了在这种"安静"的环境下生活，对于公共场合里人多制造出来的嘈杂声音很不适应，总是嫌"太吵了"。这也是适应能力的欠缺，希望她长大一些后，这种情况会有所好转。

宝宝睡觉时，不可"以衣代被"

秋冬季节，随着天气渐凉，有些家长会让宝宝穿着厚厚的衣服睡觉，认为这样既可以保暖，又可以防止宝宝踢被后着凉感冒。乍一看，这种以衣代被的方法一举两得，事实上却对宝宝的健康很不利。

首先，人在睡眠时，身体器官的活动都放缓了，其中肌肉松弛最明显。如果宝宝穿着太多衣服睡觉，衣服包裹着宝宝的四肢、身体，有碍于全身肌肉的松弛，影响血液循环和呼吸功能，让宝宝睡不踏实，易惊醒。这就像人在仰睡时，把手臂放在胸前会做噩梦、有窒息感是一个道理。

其次，婴儿期的宝宝身体增长迅速，此时期也被称为"神长期"，如果这一时期的婴儿经常穿着衣服睡觉，在一定程度上也会影响婴儿的身体发育。

最后，如果让宝宝睡觉时穿得太多，容易出汗，极易引起感冒。再者，如果宝宝白天黑夜都用厚衣服捂着，皮肤无法呼吸，衣裤，特别是棉裤上的细菌容易寄生繁殖，导致宝宝患上毛囊炎、皮炎等皮肤病，影响宝宝的身心健康。

所以，婴幼儿还是脱衣睡觉好。在睡觉时，一般只穿内衣即可，被子薄厚也要适中。如果担心宝宝踢被子着凉，父母可以给宝宝设计一个睡袋。如果室温太低，又没有暖气，家长可以用电暖气、空调热风等提高室温，而不是让宝宝穿着厚厚的衣服入睡。

糖糖妈育儿笔记

糖糖出生后，晚上睡觉时都会贴身穿一身棉质衣服，秋冬时长袖长裤，夏天时背心短裤。这样一来，就算夜里不小心蹬掉被子，即使妈妈来不及盖上，也不会着凉冻坏。有一段时间，我还给糖糖穿过连体衣，这种衣服真的是一个很好的设计，穿上后完全不用担心糖糖的小肚子或后腰着凉。

虽然糖糖在冬天穿的是长袖长裤，但就是最普通的秋衣秋裤，绝不是那种加绒的或夹棉的保暖衣裤。糖糖长这么大，我没给她穿过所谓的保暖衣裤，尤其是贴身穿，因为我觉得这类衣服吸湿透气性特别差，一旦孩子出汗了，就只能在身上捂着，稍微一见风，就容易感冒了。我宁愿给糖糖多穿两件普通秋衣，也不会图省事穿一件保暖裤。所以我给糖糖的穿衣原则是贴身的一定是纯棉内衣裤，然后是棉线或羊毛类的毛衣毛裤，最后是羽绒服（裤），保暖又舒服。

剪睫毛、剃眉毛、捏鼻子，不会变美，只有危险

有位妈妈抱着宝宝来就诊，说自己的女儿本来挺喜欢笑的，可是几天前，忽然性情大变，每天都眼泪汪汪的，还特别怕光，一看到开电灯就哭个不停，还用手去挡着眼睛。家长很担心宝宝的眼睛患有隐性疾病。医生查看宝宝的眼睛后发现，孩子的睫毛明显被修过，新长出的睫毛刚探出个头，又短、又粗、又硬，孩子一眨眼，睫毛就扎在孩子眼睛周边，严重影响到孩子眼部的舒适度。而这才是让宝宝性情大变的真正原因。

眉毛、睫毛及头发的浓密、长短、粗细、漂亮与否主要与遗传因素和营养状况有关，人为地剃眉毛、剪睫毛、剃头是没有作用的。人的毛发是有寿命的，通常几个月会自然掉落更换，比如婴幼儿的睫毛几乎一个月一换，所以，剪不剪都没有太大作用。之所以眉毛、睫毛、头发被剪、剃了后看起来更浓密了，是因为毛发越剪越硬，让人产生了错觉而已，其实数量、长度并没有变化。

人为地剪掉眉毛和睫毛，没有作用还是其次，更重要的是，这些行为会为宝宝带来副作用。

人的眼睫毛是有特殊作用的，可以阻挡灰尘、异物和汗水侵入眼内，还能遮挡强光对眼睛的刺激。如果人为剪掉睫毛，在新睫毛长出来以前，其保护功能就没了。而且，睫毛和头发、胡子一样，越剪越硬，刚长出的睫毛粗、短、硬，有可能刺伤眼球结膜和角膜，从而产生畏光、流泪、眼睑痉挛等症状，严重者会继发眼部

感染。另外，重新长出的睫毛很有可能长成倒毛，对宝宝的眼睛将会产生极大影响，严重的甚至需要通过手术来解决。

此外，在剪睫毛、剃眉毛或者剃头的过程中，如果宝宝乱动，就有可能造成外伤，如果被细菌感染，还可能留下疤痕。剃眉毛时，如果刮伤眉毛根部，还可能改变其位置和形态，形成倒挂眉等难看的眉形。所以，宝宝的眉毛、睫毛还是让它顺其自然为好。

同样，经常捏宝宝的鼻子，希望借此让宝宝的鼻子变得笔挺的做法也是很危险的，因为小孩子的鼻腔黏膜娇嫩，血管丰富，如果用力捏鼻子，会损伤其鼻黏膜和血管，造成病原体入侵。

糖糖妈育儿笔记

糖糖从小头发和眼睫毛都不是很好，发黄且稀疏，倒是眉毛长得比头发和睫毛都要浓密些。糖糖从"剃月子头"开始，就不情愿让人动她的头发。每次剪头发都是连哄带骗地进行，每每都是进行到一半就哭闹着不干了。不就是剪个头发吗？既然不愿意，那就不剪了。糖糖七八个月开始抱到户外时，遇见的人都会劝我多给糖糖剃光头，这样头发就会长得又浓又黑。但是都被我一一拒绝了。这种无关性格、习惯的小事为什么非要强迫孩子进行呢？而且大热天的给糖糖剃光头，孩子的头皮很容易被晒伤、发炎。总之，我不愿意做一个为了面子而伤害糖糖的妈妈！现在糖糖快4岁了，虽然小头发不是黑亮黑亮的，但也绝不是黄毛小丫头，一头棕黑顺滑有光泽的头发，看上去健康极了。这也证实了剃光头对改变发质根本没有用，倒是与饮食营养有直接关系。

乳牙也要防蛀

蛀牙，也叫虫牙，学名是龋齿，也就是牙医口中的专业称呼。

"乳牙迟早会掉，所以有没有蛀牙根本没有关系。"这是许多家长的看法。而这种认识是大错特错的。

如果没有彻底刷牙、清洁，新长出的恒牙不仅生长环境会受到影响（譬如牙齿排列不整齐），连长蛀牙的概率也会大幅提升。

乳牙出现问题会产生如下严重影响。

影响咀嚼。乳牙蛀掉或太早失去容易使宝宝因无法充分咀嚼而造成营养摄取不均衡。

影响发音。太早失去乳牙会造成部分发音不正确，学说话困难。

影响恒牙的生长。如果乳牙过早脱落，等到长出恒牙时，就容易长斜或移位，长蛀牙的概率也会大幅提升。

宝宝长大后会养成不良的口腔卫生习惯。蛀牙是一种慢性病，是长期口腔卫生欠佳及饮食习惯不佳而造成的。如果家长没在宝宝小时候培养勤刷牙的好习惯，宝宝长大后就会保持这个不好的习惯。

前面说过，蛀牙与口腔卫生欠佳及饮食习惯不佳有关。为了避免婴幼儿长蛀牙，家长们在日常护理时，要注意下面两个问题。

不要与宝宝共用餐具，也不要口对口喂食。在喂宝宝辅食时，经常会看到这样的情况，家长自己吃一口，然后用同一个勺子喂宝宝吃一口，还有些家长甚至直接口对口地喂食宝宝。这样会使大人口腔中的细菌跑到宝宝的口腔中，增加宝宝患蛀牙的风险。

喂食时间要短，食后及时清洁口腔。一般来说，食物残渣在口腔中停留超过15分钟，细菌就会产生类毒素和酸，使口腔呈偏酸性，提高患蛀牙的概率。因此，婴儿的喂食时间应尽量缩短，尤其应避免一边喝奶，一边睡觉。每次喂食完，家长可用纱布或棉棒蘸开水轻拭宝宝口腔。一旦宝宝长出牙齿，就应该开始清洁牙齿。改用杯子或汤匙喂食，可缩短致龋物质在口内停留的时间。

糖糖妈育儿笔记

对于蛀牙，我想用大篇幅来叙述一下，因为保护孩子的乳牙真的真的真的是太重要了。一旦孩子有了龋齿，不美观已经是次要的了，重要的是会严重影响将来恒牙的生长。在未换牙之前的这段日子，孩子还要遭受牙疼的折磨和补牙的恐惧。

糖糖大概2岁后开始出现龋齿。糖糖的一个门牙上出现了一个小洞，并开始慢慢扩大。后来发展到前面4个牙齿都被腐蚀了，有两颗已经断掉，左右侧的槽牙开始疼。我咨询了不少牙医，但都没有唯一的答案，大多数说是因为缺少某种元素、爱吃甜食、不刷牙引起的。对糖糖的龋齿，我一直很愧疚，觉得有不可推卸的责任。这里我总结了3点，希望宝妈们引以为戒。

第一，在糖糖出牙后，没有给糖糖好好刷牙。糖糖一口牙齿都长全了，我才开始帮她刷牙。没用牙膏，只是蘸着清水刷。刚开始还能由我刷，后来糖糖就开始自己刷，不让我插手。每天早晚刷牙都跟打仗似的，最后我也任她自己刷了。

第二，没有控制甜食。虽然牙医说甜食不是导致龋齿的罪魁祸首，但绝对是一个诱因。糖糖从小就爱甜食，尤其是糖块。有一段时间，我放开了对糖糖吃甜食的控制，结果糖糖很快就牙疼了。

第三，没有及时看牙医。我的一个牙医朋友从一开始就建议我们带糖糖看牙医，可一想到孩子被绑到床上挣扎的情景，我们就放弃了。糖糖爸还担心会给糖糖留下心理阴影。直到快4岁时，糖糖的左侧槽牙开始疼，我们才意识到看牙医的重要性。因为糖糖从小对疼痛很敏感，再加上被绑起来，几分钟的时间里，糖糖是声嘶力竭地哭，我的心情也可想而知，宁愿绑在那儿的人是我。

补好牙齿后，我开始严格要求糖糖刷牙，并且由我执行，每天早晚各一次，必须用牙膏。糖糖在抗争了2天后，发现这次和以往不一样，也就不再闹腾了，每天到时间后，糖糖都乖乖地走到卫生间由我给她刷牙。有时我累得自己都不想洗脸刷牙，但也一定要给糖糖刷牙。

在此奉劝新手爸妈们，在宝宝开始出牙时，就要帮宝宝保护好牙齿。吃完东西后及时漱口。每天早晚一定要坚持用牙膏刷牙，并且要由妈妈帮着刷牙，一直刷到六七岁。一旦发现牙齿出现问题，要及时看牙医。

宝宝口水横流，要注意清洁

婴儿流口水，这是很常见的，大多是正常的生理现象，一般发生在刚开始长乳牙时。此时，牙龈神经受到刺激，会增加口水的分泌量，加上婴儿口腔容量很小，吞咽动作也不是很协调，因此就会有唾液流出。一般来说，随着宝宝年龄的增长，流口水的现象会逐渐消失，不需太在意。

当宝宝患口腔溃疡或咽喉疾病时，也会有流口水的现象，并伴随有宝宝不吸奶、哭闹等现象。遇到这种情况时，家长要及时带宝宝去医院检查和治疗。

无论是什么原因引起的流口水，家长都要注意清洁工作。因为口水中含有腐蚀性的消化酵酸，如果婴儿口水横流时没有及时清理，便容易损伤皮肤角质层，还可能产生霉菌，引发湿疹、发炎等皮肤问题。

清理口水，要勤擦、勤洗。注意擦拭时不可用力，清洗时，注意要用温水，如果已经造成了湿疹等问题，要及时就医，按照医生的指导来做。年幼宝宝容易舔食涂抹的药膏，父母最好等到宝宝睡着后再涂抹。

宝宝的上衣、枕头、被褥等要勤换洗，这些物品非常容易沾染上宝宝的口水。

戴围嘴也是个不错的办法。但家长们需要注意的是，要保证围嘴的干净和整洁，否则会适得其反。

对于因为长牙而口水横流的宝宝，家长要注意加强训练宝宝的吸吮吞咽能力。在宝宝长牙后，少给他们吃流质食物及过于软烂的食物，而是给予一些硬质食物来培养宝宝们的咀嚼能力。此时要注意食物的硬度要适当，太硬了也会影响宝宝牙齿的生长。

糖糖妈育儿笔记

在发现糖糖流口水后，我一次买了十几个婴儿专用纯棉小围嘴，被口水流湿了就更换一个新的。一旦忙起来不能及时清洗也不用担心没有用的，又经济又实用。此外，我还准备了十多块柔软的纱布巾，用来给糖糖擦口水。因为糖糖在不停地流口水，如果用普通的手帕或是纸巾擦，会让糖糖嘴巴附近的皮肤发红发肿，严重一些还会破皮。用柔软的纱布擦就好多了。如果擦的次数太多了，我还会给糖糖下巴涂抹一点点润肤乳液，可以保护皮肤不被口水长期浸湿。

妈妈的几个清洁行为会伤害宝宝

为了宝宝的清洁卫生,家长们可谓煞费苦心,却忘了凡事不可过度,过度的清洁对宝宝非但无益,还可能会伤到宝宝。下面这几种非常危险的行为是妈妈们最常做的,希望妈妈们做的时候要注意分寸,尽量避免。

(1)频繁剪指甲。很多家长给宝宝修剪指甲非常频繁,而且修剪得非常短。这样做的结果是会让宝宝的指甲往肉里生长,如果情况严重,可能引起骨质发炎或溃烂,最终导致截肢。因此,妈妈们在为宝宝修剪指甲时要把握度,不要将指甲剪得过短,也不要过度修剪指甲两侧。

(2)洗澡后用棉签掏耳朵。在给宝宝洗完澡之后,妈妈们担心宝宝耳朵里进水,便会很习惯性地用棉签帮宝宝掏耳朵。还有些家长喜欢时不时用棉签给宝宝掏耳朵,认为这样可以保持宝宝的耳道清洁。其实这种做法非常危险,要知道,掏耳朵是个技术活儿,一般人很容易掌握不好力度,再加上婴儿好动,一不小心就可能伤到宝宝的耳膜。

再说,耳道并不需要人工清洁,只有少数人会受到耳屎堆积的困扰,一般人根本不需要经常掏耳朵。时常掏耳朵,反倒有可能导致耳屎栓塞发炎。即使宝宝耳道有耳垢,也不能用棉签掏,只需滴几次过氧化氢滴耳液或矿物油即可,甚至用橄榄油就可以解决。

为了避免宝宝洗澡时耳朵进水,家长要在洗澡时保护好宝宝的耳朵,将耳朵由后到前按住贴紧脸部,这样就不易致耳朵进水了。假如宝宝耳朵已经进水了,可以将宝宝的头偏向进水的一侧,让水慢慢流出来。也可以撕一小块纸巾或者卫生棉，捻成细捻，伸到进水的耳朵里，一边轻轻转动，一边深入，记住转动的时候要慢，要轻，不要太深，过一会儿，耳朵里的水就会被棉条吸附了。也可以使用软棉棒，但要把头部的棉花撑呈蓬松状，轻轻插入耳朵内并旋转，但不要太深，而且一定要固定好宝宝的头部不能动。如果宝宝不配合，就不要掏了。必要的时候要到医院就诊。

（3）长期使用鼻腔喷雾剂通鼻孔，或者用棉签清洁鼻腔。婴儿鼻腔短，很容易鼻塞。不少家长一见婴儿因为鼻子不通而哭闹，就使用喷鼻腔的喷雾剂或者滴剂，结果导致鼻腔肿胀充血，甚至影响血压。因此，当宝宝鼻腔堵塞时，不推荐长期给宝宝使用鼻腔喷雾剂或滴剂，而是去药店买管盐水喷雾剂即可。盐水不但可以湿润鼻腔，舒缓鼻腔充血，而且没有副作用。另外，用蒸汽蒸脸也可以稀释鼻腔中的黏液。

用棉签清洁婴儿的鼻腔也是非常危险的，很容易伤到宝宝的鼻黏膜。安全的办法是，用绵纸或棉条捻一根细捻，慢慢伸入宝宝鼻腔，一边往一个方向转动，一边慢慢深入，然后慢慢拉出，这样很容易将宝宝鼻腔中的分泌物带出来，同时也不会伤到宝宝。

糖糖妈育儿笔记

糖糖长到4岁了，一直没有用棉签掏耳朵。每次带糖糖去游泳馆游泳，都会看到馆里的工作人员给婴儿用棉签掏耳朵，这些宝宝里小的还没出满月，大的有三四岁，宝宝的父母或者奶奶姥姥站在一边看着。我想不明白他们怎么就那么放心地将宝宝交到他人手里？怎么那么相信对方不会弄疼甚至弄伤宝宝呢？好在糖糖每次都拒绝工作人员帮她按摩，至于掏耳朵，连

> 我都不让碰。偶尔我也会一时冲动想要给糖糖掏掏耳屎,但都被糖糖爸及时阻止了。他认为耳屎会自动跑出来的。
>
> 此外,糖糖洗头发时,我都会给她戴一个宝宝专用的护耳洗发帽,可以很好地防止水流进到耳朵里,宝妈们可以买一个试试看。

让宝宝适当脏一点,对健康有益无害

过度讲究卫生反而容易致病,绝大多数家长都是明白这个观点的,然而,关心则乱,当面对自己家孩子的时候,家长们就方寸大乱了。现在的家长们对孩子的卫生要求可以说是到了苛刻的地步,不让孩子在地上爬,不让玩沙子,不让捉小虫,哪里稍脏一点,立刻清洗,唯恐不卫生对孩子的健康不利。从小培养孩子勤洗手、讲卫生的习惯是对的,但是不可过犹不及。大家应该都注意到一个现象,那就是城市的孩子比农村的孩子更注意卫生,但是城市孩子对疾病的抵抗能力却比农村孩子差。为什么呢?原因之一就是清洁过度了。

要知道,在人类进化的大部分历程中,自人出生后,免疫系统就不断遭到来自泥土、空气等物质中的细菌、病毒的侵袭。大多数情况下,人体接触的细菌或病毒的量是很少的,不足以产生致命伤害,但可以促使体内产生相应的抗体,并贮存下来,再遭遇大量病菌侵犯时,机体就会有足够的抵抗能力。

家长们不让孩子适当接触细菌,等于剥夺了孩子的机体受到外界上述刺激的机会。机体失去产生抗菌物质的机会,免疫系统的"战斗"能力便大大下降,反而容易被病菌感染。比如,过分清洁的孩子更容易患上溃疡性结肠炎、节段性回肠炎等消化系统的感染性疾病。

父母对卫生状况的苛求限制了孩子活泼好动的天性，对其成长不利。所以不必苛求孩子十分卫生、一尘不染。

糖糖妈育儿笔记

从清洁的角度来讲，我算得上是一个懒妈妈。糖糖出生后，我就成了全职妈妈，除了照顾糖糖，还要兼顾一家人的饮食起居、洗刷打扫。我对房间的要求是不会乱得像猪圈，但也不会一尘不染得像酒店。糖糖会爬以后，我家的地板还是用拖布拖，我不会跪在地上用抹布擦。当然，我会关注糖糖把随手拿到的东西放进嘴里啃。如果发现了，我会抱着她去洗干净手，再去拿能咬的玩具。总之，如果每天有专用的1个小时来清扫房间，我只会占用40分钟，剩下的20分钟我还会用来陪糖糖。一直到上幼儿园，糖糖都很少生病，抵抗力超强。外出游玩时也不会闹不舒服。这大概在一定程度上也得益于我这个不爱太干净的妈妈。

给宝宝洗澡的注意事项

婴幼儿代谢旺盛，洗澡是必需的。许多妈妈洗澡时知道防磕、防溺、防烫，却不太注意洗澡的时间是不是正确，宝宝的身体状况是不是适合洗澡，结果，本想着让宝宝洗洗更健康的，却事与愿违，反倒洗病了。

（1）新手妈妈们至少要知道，出现以下情况不可以给宝宝洗澡：

宝宝脐带脱落以前，或者已脱落却还没有长好之前不宜洗澡。有些男婴出生后即进行了包皮环割术，也应在伤口愈合后再进行擦洗。

宝宝感觉饥饿或者疲倦的时候不宜洗澡。刚吃完奶的宝宝不宜洗澡。宝宝吃完奶后立即洗澡会影响消化，引起反胃、呕吐等不良反应，喂完奶后1~2小时后洗澡为佳。

宝宝的皮肤有破损时不宜洗澡。破损的皮肤遇水可能会引起局部感染，此时可以选择擦洗，避开伤处，等到皮肤恢复了，再泡澡。

宝宝有发热状况或刚刚退热后不能洗澡。正在发热或者退热不足48小时的宝宝不可洗澡。这是因为发热时及发热后的宝宝，身体抵抗能力很差，此时洗澡容易让宝宝受凉，或者因为皮肤毛孔关闭致使体温再度升高，也可能因为洗了热水澡后，毛细血管扩张导致宝宝的身体器官供血不足。

宝宝有呕吐、腹泻、流鼻涕等症状时不宜洗澡，生病时更不能洗澡。正在患病的宝宝本来就不舒服，而洗澡会不断地迫使宝宝活动，会让宝宝的情况更加恶劣。

体重过低的宝宝不宜洗澡。体重低于2 500克的宝宝称为低体重儿，这些宝宝大多是早产儿。早产儿的自身体温调节功能相对低下，比正常婴儿更容易受环境温度的影响，因此只可擦洗。

宝宝打针当天不宜洗澡。打针时留在皮肤上的针眼虽然很小，但也容易引起感染。

（2）在给宝宝洗澡时，妈妈要注意以下几个细节：

新生儿不建议每天洗澡，随着宝宝的长大，可适当增加洗澡的频率，如夏季出汗多，每天可能要洗2次。6个月以后可以给宝宝擦洗全身,顺序是:面部—头部—颈部—身体—手脚—臀部。

妈妈在给宝宝洗澡时,必须把指甲剪短,要确保宝宝洗澡的房间很暖和,室温在28℃左右,冬季室温也至少要达到20℃,水温在37~38℃比较合适,宝宝在这样的环境中洗澡会觉得很舒服和放松。妈妈可以用手腕和肘关节来测试水温,也可以用温度计来测量水温。

给婴儿洗澡,洗澡时间不能太长,控制在10分钟以内比较好,免得因为裸露时间过长而着凉。

防止洗澡水进入宝宝的眼睛、鼻子和耳朵,引起炎症。洗澡时要把宝宝的头略微抬起,让宝宝的身体呈倾斜的姿势,这样水就会向下流。为了保险起见,可以在宝宝的耳朵里塞入棉花,妈妈再用拇指和食指将宝宝的耳朵向内盖住耳孔。

不要让宝宝长时间坐便盆

一两岁的婴幼儿,吃喝拉撒睡是主要"工作",在这段时间里,培养宝宝定时排便的习惯,以及坐便盆的能力非常重要。但是,在具体操作时,有不少新手妈妈还是有可能出现错误及困惑。类似问题如:

"我家宝宝7个多月了,每天早上都能排大便,坐得也很稳,能让他学坐便盆了吗?会不会太早了啊?"

"我家的宝宝特别喜欢坐在自己的便盆上,坐上去就不愿意下来,感觉像骑大马,让他多坐一会儿好吗?"

上面这两个问题其实是培养宝宝排便习惯的两个关键问题。

（1）宝宝什么时候可以坐便盆？一般来说，培养宝宝坐便盆必须满足三个条件。

第一，已经培养好了宝宝定时排便的习惯，这样，在宝宝可以坐便盆时，就可以相对准确地判断出宝宝何时需要排便。这里所说的定时并非人为固定的，而是妈妈根据宝宝的排便情况总结出来的规律，通常从第2个月就可以开始培养宝宝定时大小便的习惯了。

第二，宝宝能坐稳了。

第三，宝宝愿意坐便盆。

在这三个前提下，有些宝宝八九个月的时候就可以坐便盆了，有些宝宝可能要到1岁以后才会坐便盆，这是正常现象。总之，何时让宝宝坐便盆，要看宝宝是否在生理和心理上都做好了准备，不能死板地扣月龄。

（2）宝宝坐便盆以多长时间为宜？有些父母经常把孩子往便盆上一放就是十几甚至几十分钟，这样做很容易让宝宝形成脱肛。一般来说，刚开始让宝宝坐便盆时，以每次2~3分钟为宜，以后逐步增加到5~10分钟。如未解出大便，可让宝宝起来活动一下，再坐便盆。家长不能把便盆当作椅子，让宝宝长时间地坐在上面，也不可让宝宝坐在便盆上吃东西、玩玩具等。

小常识：坐便盆能力倒退是正常的

婴儿接受定时排便、自己坐便盆的过程通常是波动式的，并非一直进步，很可能进三步、退一步。此时妈妈一定要有耐心，不要斥责宝宝，而是要多鼓励，这样宝宝才能更快地学会自理。

想让宝宝早说话，少用叠词等"儿语"，别迁就宝宝说错

现在的新手爸妈有一定的育儿常识，知道宝宝说话有早有晚，于是就难免走上另一个极端，认为宝宝学说话是顺其自然的事情，不太在意与宝宝的说话方式，结果让宝宝正常说话的时机严重滞后，却不自知。

爸爸妈妈有3个行为会影响到宝宝的说话能力，大家平时作为玩笑可以偶尔为之，但不可成为常态。

（1）不要过多使用叠词等"儿语"。婴幼儿因为语言能力所限，说话常用叠词和"儿语"，不少家长以为宝宝只能听懂这些语言，同时也觉得这样说话很可爱，于是就"迎合"宝宝的说话习惯，学着跟宝宝说一样的"儿语"，比如"宝宝，饭饭了""宝宝，喝水水""那是狗狗，那是猫猫，那是花花"，这样做很可能拖延了孩子从单词过渡到说完整话的时间。

用"儿语"和宝宝说话等于给宝宝建立了两套语言系统，会加倍耗费宝宝的精力。而且儿化语对正规语言的学习是一种阻碍，会拖延宝宝说出完整句子的时间。

经常说"儿语"不利于幼儿智力和性格的发展。宝宝语言发展一般都是经历单词句、多词句、说出完整句子这几个阶段，"儿语"相对简单，如果宝宝总是使用"儿语"，就不会多做努力去熟悉标准的语言环境，语言潜能将得不到激发，语言能力会在低级阶段停留很长时间。

如果家长一直用"儿语"、叠词、单词等不规范的方式跟宝宝说话，宝宝以为他的表达是正确的，将会对儿化语进行强化，从而让宝宝对标准语言产生抵触。

如果爸爸妈妈和宝宝用儿化语交流，又当着宝宝的面与其他人

正常语言交流，宝宝会感知到自己是个小孩子，这会让稍大的孩子产生自卑心理。

因此，跟宝宝说话时，句式的长度或难度应略高于宝宝的理解能力，尽量缩短宝宝用叠词或者儿化话使用的时间，当宝宝伸出双手说"抱抱"，妈妈应该给宝宝一个热情的拥抱，并说："妈妈来抱宝宝了。"不要把完整的一句话拆成单个词语方式来表达，比如，"宝宝想吃梨还是苹果？"不要说成"梨，苹果，宝宝，这个？那个？"如果宝宝太小，一次听不懂，那么爸爸妈妈可以多重复几遍，不要低估宝宝的理解能力。

（2）不要模仿宝宝的错误发音，给予错误暗示。刚开始学说话的宝宝因为发音不准，常常会有一些可笑的不准确的发音，如把"苹果"说成"苹朵"、把"吃饭"说成"七饭"、把"桌子"说成"桌几"，等等。有些爸爸妈妈觉得很可爱，就学着宝宝说话。宝宝当然不知道爸爸妈妈的心思，以为自己的发音是对的，就会一直这样说，结果导致这种错误的发音很长时间无法纠正。

可见，教宝宝说话是一件非常严谨的事。当宝宝发错音时，爸爸妈妈切不可跟着宝宝走，而是要多重复几遍正确的发音。一遍两遍纠正不过来没关系，但要让宝宝知道，他的发音是错的。平时，家长也要用正确的语言与宝宝说话，时间长了，宝宝的发音自然会逐渐正确。

（3）家长不要过分配合宝宝，让宝宝没有说话的机会。不少家长过于配合宝宝，宝宝稍有点动作，就快速做出反应，满足他的要求。假如宝宝指一指水杯，家长立马"领会"精神，赶紧把水杯递给他，甚至送到嘴边，问他是不是要喝水。如果宝宝不是想喝水，就多方猜测。总之，不给宝宝语言表达的机会。时间久了，宝宝发现自己不用说话，家人就能迅速明白他的意图，并达到他的要求，于是干脆就懒得说话了。现实案例中，就有宝宝3岁了还不会说话，但各项检查均正常的情况，原因就是家里人太"热情"了，让孩子不需要说话。

想让宝宝早说话，家长就要让他有说话的机会。当宝宝用肢体语言表达出某种需求时，爸爸妈妈不要立刻去满足，而是要想办法引导他用口头语言表达出来。比如宝宝指着水杯表示想喝水，妈妈可以给他一个空水杯，宝宝看杯里没有水，就会非常努力说出"水"字。当宝宝可以说出单词了，家长就要引导他说出更完整的句子，比如宝宝想吃鸡蛋，说"蛋蛋"，家长可发引导他说出完整的句子"这是鸡蛋，宝宝要吃鸡蛋了。"

总之，宝宝的任何一项能力的发育都需要家长的正确引导，即使是水到渠成的事，也需要建立能最顺利到达目的地的沟渠。

糖糖妈育儿笔记

因为自己的舌头不是很"灵活"，我总担心糖糖长大后也"笨嘴笨舌"，普通话不标准，因此，每次和糖糖说话时，我都会尽可能放慢语速，力求发音标准，吐字清晰。

糖糖学说话期间，我很少使用叠词，但是会尽量用"儿语"，模仿孩子的说话方式。我曾经看过一篇文章，大意是父母多用娃娃音和孩子说话，孩子的智商会高一些。那似乎还是一篇科学研究。但不管是不是真的有科学依据，我都觉得用娃娃音和糖糖说话，特别能拉近和糖糖的关系。对于文中提到的叠词，我会在前面加一个"小"字，比如"这是小猫、小花……"

遇到糖糖发音含糊的字，我会夸大口型，一点点地教她说清楚。如果自己也拿不定怎么发音，我就会上网现查，绝不会糊弄糖糖。现在就连糖糖爸都说我讲绘本时像是换了一个人，发音准确，语气也抑扬顿挫，很有吸引力。

有时糖糖会一时紧张，或是想不起来怎么说某个词，这时我会微笑地看着她，引导鼓励她说出来。看清了，是"引导"，绝不是帮她说，我会慢慢地说出第一个字，糖糖听了，立马就会说出后面的来。这一招很有效，宝妈们可以试试看。需要提醒宝妈们的是，这个时候绝不能等待，眼睁睁地看着孩子小脸憋通红，就是说不出来，时间长了，孩子可能会有结巴的倾向。

第三章
纯母乳喂养，这些常识和技巧要知道

宝宝出生后，如何喂养是摆在新手妈妈面前的问题。母乳喂养好还是人工喂养好？为什么母乳喂养好？如何判断母乳够不够？如果母乳不够，能随便添加奶粉和其他奶吗？

给宝宝哺乳听起来似乎不难，但其实并不简单。尤其是对现代的新手妈妈，一来缺乏经验，二来有工作压力，更容易犯一些重要的、常识性的错误。

母乳喂养的宝宝不容易得慢性病

母乳是天然的且最理想的婴儿食品。但是，有不少身体健康的年轻妈妈却不愿母乳喂养自己的宝宝，原因可能仅仅只是担心破坏身材。这种做法是非常遗憾的。

从亲子关系上讲，母乳是宝宝从妈妈身体里出来后，唯一能够连接母子血脉的纽带，如果妈妈们放弃了这条纽带，实在可惜。更重要的是，从健康的角度来看，母乳喂养可以提高宝宝的免疫力，对宝宝具有不可替代的好处。

（1）作为最正宗的婴儿食品，母乳比其他替代奶品具有更完美的特性，尤其对6个月以内的婴儿更为适合。母乳的营养成分更完备、各种成分的配比比代乳品更适当。

更难得的是，母乳的成分能随着婴儿的发育需要而相应地发生变化，这是其他乳类无法相媲美的。同时，母乳里含有大量的免疫抗体，吃母乳的婴儿能从母乳中获得免疫体，因而很少得病。比如，初乳和过渡乳中含有丰富的分泌型免疫球蛋白A，能增强新生儿呼吸道抵抗力。母乳中溶菌素高，巨噬细胞多，可以直接灭菌。乳糖有助于乳酸杆菌、双歧杆菌生长，乳铁蛋白含量也多，能够有效抑制大肠杆菌的生长和活性，保护肠黏膜，使黏膜免受细菌侵犯，增强胃肠道的抵抗力。

根据长期观察发现，母乳喂养的婴儿在胃肠道、呼吸道和耳部的抗感染力比喂牛奶的婴儿要强些。母乳中含有多种类型的抗体，能帮助婴儿抵抗多种疾病有关。这种抗体是其他乳品和代用品所没有的。

（2）母乳喂养能增强母婴感情，使新生儿增加安全感，有利于成年后建立良好的人际关系。

母乳喂养可加快妈妈产后康复,减少子宫出血,以及子宫及卵巢恶性肿瘤的发生概率。

母乳的温度宜于婴儿食用而且清洁、新鲜,随时可食用,被污染的机会较少。母乳喂养在方法上简洁、方便、及时,奶水温度适宜,减少了细菌感染的可能。

需要特别提醒的是,需暂时停止母乳喂养的妈妈,一定要定时吸出母乳,以免乳汁被憋回去。

牛乳与母乳成分比较如表3-1所示。

表3-1 牛乳与母乳成分比较

成分	单位	牛乳	母乳
热量	卡(cal)	66	68
水分	克(g)	87.5	87.5
乳糖	克(g)	4.8	7.5
脂肪	克(g)	3.5	3.5
蛋白质	克(g)	3.5	1.2
脂肪酶		较少	较多
矿物质	克(g)	0.7	0.2
维生素D	国际单位(IU)	0.3~4	0.4~10
饱和脂肪酸	%	65	55
不饱和脂肪酸	%	35	45
胆固醇	毫克(mg)	280~300	300~600
无机盐	克(g)	0.7	0.2
钙	毫克(mg)	125	33
磷	毫克(mg)	99	15
铁	毫克(mg)	0.15	0.21

金汉珍,黄德珉,官希吉.实用新生儿学.北京:人民卫生出版社,1997.

从表中可以看出，母乳中的乳糖、脂肪酶、维生素D、不饱和脂肪酸、铁、胆固醇的含量均高于牛乳，且钙磷比例较适宜。虽然母乳中蛋白质含量低于牛乳，但乳蛋白和酪蛋白含量比例适宜，有利于婴儿消化吸收。

糖糖妈育儿笔记

糖糖吃母乳吃了整整2年。糖糖出生后拉的便便是成型的，但偏稀，偶尔会拉稀粑粑，拉两天就好。有亲戚告诉我是因为母乳里缺少一种酶。我问过医生，回答是可以继续母乳喂养。在两个多月时，有一阵子糖糖拉绿色泡沫一样的粑粑（后来检查是肠炎），在此期间糖糖爸一直想要说服我给糖糖断掉母乳，理由是他的几个朋友的孩子都是纯奶粉喂养，长大了也很健康。可是我明明母乳足够，为什么要舍弃而去喂奶粉呢？我坚持母乳喂养。大约在一岁半时，糖糖的姥爷生重病住院，我匆匆回老家看望。我一共走了4天，等再回自己家时，进门后，糖糖看见我的第一句话就是"妈妈，我要吃奶！"我的眼泪瞬间哗哗流下来。在过去的4天里，保姆和糖糖奶奶商量着趁机给糖糖断奶，我坚决不让。于是糖糖又吃了六个月的母乳。一直以来，我都坚信，糖糖虽然体重呈标准甚至偏轻，却拥有超强的抵抗力，这都离不开这两年的母乳。母乳里含有的营养足足有400多种，是任何一种奶粉都无法比拟的。奉劝宝妈们，如果有母乳，一定要尽可能地延长给宝宝的喂养时间，绝对有好处！

母乳喂养要趁早，产后2小时以内最好

早喂奶的最直接好处就是可以促进新生儿体温上升。我们知道，新生儿出生后，体温都有一个先降再升的过程。新生儿出生后2小时以内吸吮母乳的，体温上升较快，出生后6小时，体温已基本趋于稳定。而出生2小时后进行吸吮母乳的新生儿，由于体温在出生后散失较多，之后体温恢复较慢，至12小时后才达稳定。

早吸吮可以减轻新生儿黄疸及生理性体重下降的程度，还可以减少新生儿发生低血糖的概率，降低脑缺氧发生率。低血糖能引起大脑持续性损害，尤其是体重轻、不足月的新生儿更容易发生低血糖症。有的新生儿因喂奶过晚，还会发生脱水热，早喂奶也会减少此症状发生的可能性。因此，现在普遍主张尽早给新生儿喂奶。

早吸吮有利于后续母乳喂养。研究数据显示，出生后立即和妈妈皮肤相接触的新生儿，约88%能够在20分钟后顺利找到妈妈的乳头，并正确吸吮母乳。出生后没有立即接触妈妈皮肤和乳头的新生儿，日后能够吸吮母乳的只有约20%，其中还包括吸吮姿势不正确、吸吮困难的新生儿。

早吸吮、早进行母子皮肤接触有利于新生儿的智力发育。

早吸吮可以引起母乳神经反射，促使乳汁分泌，母体催乳素增加可达20倍以上；早吸吮还可刺激子宫，加快子宫收缩，减少产后出血，对哺乳和产妇恢复健康都有利。

综上所述，只要产妇情况正常，分娩后应立即让新生儿尝试吮母亲的乳头，新手妈妈一定要重视这个问题。

多早给新生儿喂奶好呢？世界卫生组织（WHO）在母乳喂养条例中明确规定，除非产妇有严重疾病，否则新生儿出生后，应立即放在母亲胸部进行皮肤接触，并帮助新生儿吸吮乳头，且不能少于30分钟。我国《中华人民共和国母婴保护法》也有同样的规定。在实际操作中，新生儿出生后，应要在 2 小时以内吸吮母乳。原因是，新生儿出生后20～30分钟内，吮吸能力最强；新生儿出生后1小时是敏感时期，是建立母子相互依恋感情的最佳时间。

初乳、前奶都不可丢

在给宝宝喂食母乳时，很容易出现两个错误：一是丢弃初乳，二是每次哺乳前挤掉前奶。这两个错误让宝宝白白错失了最好的食物，极其可惜。

（1）所谓初乳，在"母乳喂养的宝宝不容易得慢性病"一节里已经提到，是产妇分娩后一周内（一说4～5天内）分泌的乳汁，颜色呈淡黄色，质地黏稠。

初乳是新生儿最适宜的食物，它含有新生儿所需要的全部营养素，以及预防多种传染病的物质，具有营养和免疫的双重作用，而且浓度极高。尤其是产后头几天的初乳，免疫抗体含量最高，千万不要丢弃。

同时，初乳还能帮助新生儿排出体内的胎粪、清洁肠道。比如，初乳中所含的大量抗体和白细胞可以为新生儿抵抗各种疾病提供保护；初乳中含有的蛋白质、铁、铜、锌等微量元素是新生儿必不可少的营养物质。

总之，初乳一定要喂，即使是那些不准备母乳喂养的妈妈，也一定要把初乳喂给孩子。"初乳滴滴赛珍珠"并非夸大其词，妈妈们一定要珍惜。

（2）前奶是指母乳的前段，而后段也称后奶。有些妈妈奶水很足，给宝宝喂奶时，奶水向外喷射，甚至喷宝宝一脸。为了防止过足的奶水致使宝宝呛奶，妈妈们在每次喂奶前会先挤掉一部分乳汁。从营养的角度来看，这种做法并不可取，因为前奶含有丰富的蛋白质和免疫物质等营养成分，而后奶中的脂肪含量较多。换言之，前奶的营养较后奶要高。若每次都丢弃前奶，宝宝就会多吃了脂肪，而少吃了蛋白质等其他营养物质，时间久了，就会造成宝宝营养不均衡。

解决乳冲的最好办法是采用剪刀式哺乳，即妈妈在喂奶时，用一手的食指和中指呈剪刀样夹住乳房，让乳汁慢慢流出，避免宝宝呛奶。同时，平时妈妈要少喝汤，适当减少乳汁分泌。

宝宝在初次吃母乳前，不要吃其他食物，否则会排斥母乳

许多新手妈妈生产后，觉得自己的初乳太少，担心饿着宝宝，就会先给宝宝喂糖水或者喂配方奶。这种行为称为"哺乳前喂养"。这种做法对于打算人工喂养的宝宝是不得已而为之，但是，对于准备母乳喂养的宝宝，哺乳前喂养对宝宝和妈妈都不利。

其实，妈妈们大可不必担心新生的宝宝会饿着，要知道，正常的新生儿出生时体内贮存的营养和水分完全可以维持到妈妈的初乳下来。妈妈的初乳虽少，但也完全能满足刚出生的正常新生儿的需求。哺乳前喂养反而会对新生儿和妈妈造成一定危害。

新生儿吃饱配方奶后，就不愿意再吸吮妈妈的乳头，从而错过了具有抗感染作用的初乳。同时，配方奶和糖水很容易受细菌或病毒污染而引起新生儿腹泻。

哺乳前喂养会使新生儿产生"乳头错觉"，再加上奶嘴比妈妈的乳头容易吸吮，于是宝宝会选择更省力的奶嘴，而不愿意接受妈妈的乳头。

配方奶和糖水比妈妈的奶甜，而宝宝天生喜欢甜味，因此，哺乳前喂养会使新生儿不再爱吃妈妈的奶，影响母乳喂养。

喂食配方奶也容易发生新生儿对牛奶过敏等情况。

哺乳前喂养也会对妈妈产生不良影响。如使妈妈来奶的时间推迟；新生儿减少对母乳的吸吮，会使妈妈误认为自己奶水不够，造成心理压力，结果就真的没有奶水了；新生儿因事先吃饱了，故不能把妈妈的奶水吃完，容易让妈妈发生奶胀或乳腺炎，等等。

当然，任何事都有例外。如果妈妈患有某些病症或者服用药物时，则不能哺乳，以免将疾病传染给新生儿，或者使药物通过乳汁进入新生儿体内从而产生不良反应。患有以下疾病或正在服用特殊药物的妈妈们尽量不哺乳。

（1）患有严重的心脏病、心功能不全者、严重的肾脏疾病、严重的肝脏疾病、精神病、癫痫病等疾病的妈妈不宜哺乳，因为哺乳会增加母亲的负担，加重病情。

（2）处于细菌或病毒急性感染期的妈妈不宜哺乳，因为乳汁会被细菌或病毒感染，妈妈服用的大多数药物也会进入乳汁。

（3）服用哺乳期禁忌药物、急性或严重感染性疾病、乳头疾病、孕期或产后有严重并发症、红斑狼疮、精神疾病、恶性肿瘤、艾滋病，等等。

（4）母亲在服用有损婴儿的药品时应暂停哺乳，常见药品有：激素类药物、部分抗生素（如四环素、氯霉素、红霉素、链霉素、磺胺类等）、锂盐、阿司匹林、溴隐亭、抗癫痫药、抗甲状腺药，等等。

糖糖妈育儿笔记

我对于糖糖一出生就吃奶粉一直很内疚。因为我是剖宫产，回到病房根本没有奶，导致糖糖吃了2天的奶粉。糖糖抱回产房后，护士就叮嘱要给糖糖喂30 mL奶粉。我在产前曾听不少人说过宝宝刚出生的头一两天只喂水就可以了，但听到护士这么叮嘱，想着护士更专业一些，于是就按照护士的话做了。从第二天开始，我的乳房虽然涨得厉害，却不出奶，最后我了催乳师才出奶。等于是糖糖从第三天才开始吃母乳。刚开始时，小家伙确实不愿意吸吮，吸两口就停下来，有时饿极了就嗷嗷哭。她一哭，我就着急，一着急刀口就疼。糖糖姥姥劝我要慢慢来："糖糖一出生就喝奶粉，奶嘴多好吸啊，现在改吃奶，她还不会使那个劲呢。"我一想也是，就这样经过两三次后，糖糖开始摸索出怎样吸吮，吃奶时都是一副心满意足的样子。

新生儿刚出生时确实没必要喂奶粉，可以喂一点水，让宝宝充分吸吮母乳，虽然初乳就那么一丁点奶汁，但也足够宝宝享用了。

吃母乳的宝宝更容易饿，不可拘泥定时定量

有些妈妈疑惑，为什么吃母乳的宝宝很容易饿，是不是奶水不足造成的？有些妈妈甚至由此判断宝宝吃母乳吃不饱，想当然地添加奶粉。这是不对的。事实上，吃母乳的宝宝并不是没吃饱，而是母乳所含的各种营养物质最易于消化吸收，所以母乳喂养的宝宝饿得快。解决的办法就是，母乳喂养的宝宝喂奶间隔比奶粉喂养要短些。

※胃的排空时间随食物种类不同而各异，例如，水的排空时间为1~1.5小时，母乳为2~3小时，配方奶为3~4小时。

由于理论上母乳在胃内排空的时间为3小时左右，所以，许多育儿书，以及专业人士会建议新妈妈每隔3小时给宝宝喂一次奶。从理论上讲，这个说法是对的，适用于多数婴儿，但是过于笼统。因为宝宝有个体差异，有的食量大，有的食量小，食量小的宝宝极可能不到3个小时就饿了；哺乳的妈妈也有差异，有的奶水多，有的奶水少。奶水少的妈妈需要经常得到婴儿的吸吮，以刺激体内催乳素的产生，增加乳汁的分泌，如果拉长宝宝的吸吮间隔时间，不但宝宝吃不饱，妈妈的奶量也会越来越少。可见，如果家长机械地照搬书，刻板地间隔3小时给宝宝喂一次奶，势必会给那些奶水少的妈妈和食量小的婴儿带来不利。

总之，如果想要成功喂母乳，并且希望母乳顺利，宝妈们一定要遵守以下 3 个原则：第一，产后尽早（最好是在产台上）喂母乳；第二，只喂母乳；第三，不要限制喂母乳的时间和次数。

糖糖妈育儿笔记

糖糖吃母乳期间就遇到过这个问题。我的喂养原则是糖糖饿了就吃，基本上每隔 2 个小时吃一次奶。糖糖奶奶却觉得我喂奶时间太频繁，对糖糖的胃不好，让我调整到每 3 个小时喂一次的规律性喂奶；每次喂奶一定要想办法让糖糖吃饱，不能由着她吃两口就不吃了。我也确实看过一些名医写的育儿书，书中提到每次间隔 3 小时甚至更长时间喂一次，养成规律，有助于宝宝的脾胃发育。我也尝试给糖糖改过来。再喂奶时，看到糖糖闭上嘴巴不再吃或者是睡着了，我就用拇指和食指弹一下她的脚心，糖糖睁开眼看我一眼，我赶紧把奶头再放到她嘴里，可糖糖只是轻轻地含着奶头，要么玩，要么睡。2 个小时后就开始哭着要奶，我一抱，她的小嘴立即凑到奶头前。这样几次后，我和糖糖都很累。后来我一想，糖糖属于饭量小的宝宝，吃一点就饱，吃饱了自然就不再吃了，宝宝当然饿得也快。想通了这个，我就不再纠结间隔几个小时喂一次了，回归到吃饱了就玩、饿了就吃的状态。

这里提醒新手爸妈们，吃奶粉要比母乳抗饿，如果你家宝宝吃母乳，那就不要和朋友家吃奶粉的孩子对比。而且同是吃母乳，宝宝们的胃口不一样，食量也不一样，喂好自己的宝宝就好。

配方奶不能想加就加

有些妈妈觉得自己的奶水不够，或者因为上班等原因不能随时哺乳，就给宝宝添加配方奶。妈妈们没有觉得这样有什么不妥，事实上，轻易给宝宝添加配方奶可能造成很不好的副作用。尤其是宝宝出生后的头几个月，尽量不要添加配方奶，能单纯母乳喂养越久越好。

首先要提醒新妈妈们的是，绝大多数妈妈的乳汁都是够宝宝吃的，母乳不足的妈妈是极少数的。那些看似母乳不足的妈妈其实是还没有发掘出潜力。新手妈妈们一定要对自己有信心。关于如何解决奶水少的窍门，将在下一节介绍。

（1）为什么不建议大家随便给宝宝加配方奶呢？添加配方奶可能会激发宝宝体内的不良因子，比如过敏体质的婴儿即使只吃几餐配方奶，也可能增加其过敏的概率。

由于母乳和配方奶在营养成分的含量上是有差异的，因此很容易造成新生儿消化功能紊乱。有些妈妈在一次喂奶中也采取混合喂养，又是母乳，又是配方粉，更容易出现这种情况。

因为吮吸母乳比较费力且辛苦，因此宝宝更愿意去吸吮奶嘴，这样一来，母乳便很容易被配方奶取代了。

如果妈妈因为种种原因暂时不能哺乳，在暂停期间要坚持用吸奶器吸奶，防止奶憋回去了。

有一种情况在孕期就要注意纠正，那就是妈妈的乳头凹陷。如果这个问题没有纠正，宝宝会衔不住乳头。假如该问题在产前没有纠正，产后也要赶紧实施纠正方法，在没有解决问题前，妈妈要坚持用吸奶器把奶吸出来喂宝宝。

（2）什么情况下才应该加配方奶呢？只有当妈妈确实奶水不足，或者妈妈确实没有条件哺乳的情况下，才应该添加配方奶。而且，此时配方奶是最佳的选择。

（3）如何判断妈妈的奶水够不够呢？看宝宝体重增长是否正常。这一点是非常重要的，每个月的宝宝都有一个平均体重增长数值，如果你的宝宝体重增长明显低于最低限，甚至不增长，在排除疾病情况下，最大的可能就是喂养不足，这时可尝试添加配方奶。

判断宝宝的体重增长是否正常，可以参考"体重增长曲线"，也可以用以下数据进行判断。

新生儿平均出生体重为3.2 kg，满一个月时增重1 kg，第二个月增重0.9 kg，第三个月增重0.8 kg，第四个月增重0.7 kg。以此类推，宝宝4个月时，体重约为6.6 kg，大约是出生体重的两倍，满周岁时约为出生体重的3倍（约10 kg），以后每年约增加2 kg。

看吃奶的间隔是否缩短。假如宝宝吃母乳后不到1个小时就开始哭闹要吃奶，或者开始闹夜，睡眠时间比原来缩短，这些都可能是母乳不足了。相反，假如宝宝吃奶后可以保持1个小时以上不哭不闹或安静入睡，说明母乳充足，不必添加配方奶。

看宝宝对吸吮母乳的态度。假如宝宝吃奶时突然把奶头吐出来，奶水是一滴一滴的，不成一条线喷出来，妈妈也不会感到奶胀了，这时都可能是母乳不足了。

宝宝排便正常，每天大便1~4次，小便15次左右。

假如宝宝吃母乳后，与上述情况不符，在排除疾病的情况下，就要考虑到是母乳不足。至于是否需要给宝宝添加配方奶，不要轻易决定，要事先向医生咨询。

妈妈奶水少，勤喂才是王道

许多妈妈之所以放弃母乳喂养，是因为觉得自己无乳，其实，真正母乳不足的妈妈并不多，多数是因为一些可以改变的客观原因造成的暂时性母乳不足。

"我的奶没下来，还是先让宝宝吃奶粉，等有奶水了再喂母乳。"这是不少妈妈的打算。殊不知，奶水越少，越不能放弃哺乳。换言之，勤喂才是最好的治疗妈妈奶水少的方法。

虽然乳汁的分泌受多种因素的影响，比如妈妈的体质、营养状况、情绪等，但是，婴儿的吸吮是最大的影响因素。这是因为当宝宝吸吮妈妈的乳头时，就会刺激妈妈体内产生更多的泌乳激素、催产素及蛋白质。即使最初宝宝吃不饱，但随着努力地吸吮，也会刺激母体产生越来越多的奶水。

有些妈妈产后最初几天可能一滴奶都没有，这时候也不要灰心，一定要坚持让宝宝吸吮，刺激母乳分泌。通常情况下，经过一段时间后，母乳的量就会越来越多了。

更神奇的是，母乳制造是一个非常优秀的供需体系。起初，妈妈的身体不知道宝宝需要多少奶水。经过一段时间的哺乳后，妈妈的身体便会配合宝宝的需求做出适当的调整，从而达到供需平衡。

绝大多数没能纯母乳喂养的妈妈，败就败在没有坚持下去。对于奶水少的妈妈，可以参考下面的做法。

抽一天或更长的时间，什么事也不要做，专心喂奶和休息，每次都尽可能让宝宝吃的时间长一些（20～40分钟），增加乳房受刺激的时间。同时，也可以让宝宝吸到高卡路里的"后奶"，免得因为奶量不足而导致热量不足。爱困的婴儿需要妈妈不时把他轻轻唤醒，鼓励他吃奶。

除了妈妈的乳头，不要让宝宝吸奶瓶或安慰奶嘴，以免他吸惯了奶嘴，反而不要妈妈的乳头了。如果要给宝宝补充一些其他食物，要试着用汤匙。

坚持只喂母乳，避免喂食辅食、开水和果汁等，这样可以让宝宝对母乳有更多的需求，更多地吸吮母乳，刺激母乳分泌。在供需平衡机制的作用下，随着婴儿食量的增加，母乳也会更加丰富。

两边乳房都要喂，从而使两边都受到刺激。有些妈妈因为奶水充足，一边乳房的奶水就够宝宝吃了。于是，就图省事，每次只喂一边，另一侧乳房的奶留到下次吃。这样做会使乳房因为少吸吮而减少产奶量。时间长了，奶水有可能就不够了。正确的做法是，无论奶水是否充足，每次两侧乳房都要让宝宝吸吮。

如果妈妈奶水足，可以减少每一侧乳房的吃奶时间，让两侧乳房都被吃到。假如宝宝吃完一侧乳房就饱了，应该将另一侧的奶挤出，以预防胀奶。胀奶不仅会使母亲感到疼痛不适，还有可能导致乳腺炎，而且会反射性地引起泌乳减少。

奶水不足的妈妈可以让宝宝吸吮一侧乳房10～20分钟后，换另一边乳房吸吮。如此换边2～3次，既可引起婴儿吸吮的兴趣，又可以均衡地刺激两边乳房。

妈妈要保证营养充足且均衡。营养不良会影响乳汁的分泌，因此，哺乳妈妈要建立良好的饮食习惯，尽可能多吃各种营养不同的天然食物，放弃饼干、糖果之类没有营养的食品。奶水不足的妈妈，平时多喝汤水，如鸡汤、鱼汤、排骨汤等，这些汤汤水水有一定增乳作用。每次喂奶前，试着喝一杯水或果汁。

妈妈要休息好，保持心情愉悦，要相信自己有能力哺乳宝宝。如果妈妈情绪不良，会影响母乳的分泌。轻缓的运动，轻松的音乐，甚至是和宝宝一起睡个午觉，都有利于母乳的增加。

糖糖妈育儿笔记

我一定要说说吃偏奶。糖糖出生后第三天开始就是纯母乳，因为奶水足，糖糖饭量又小，每次吃奶还没等给她换奶，她就吃饱了。这样只能是这一次吃左边奶,下一次吃右边奶。因为我左胳膊抱着糖糖的姿势比较舒服,所以每次喂奶时都是先从左侧开始。时间长了,大约在结束月子后,我发现两侧乳房不一样大,左侧明显大好多,奶水分泌得也足。右侧明显缩了下去。每次糖糖吃左边时,奶水都会灌进她嘴里,使得糖糖来不及吞咽,奶水从嘴里溢出来,一松口,奶水就如同喷泉直接喷糖糖一脸。而右侧奶逐渐都不够糖糖吃的。我开始有意识地让糖糖多吃右侧。可左侧胀奶胀得实在厉害,用吸奶器也不管用,不得已,只好让糖糖继续吃左边,待她吃饱了,胀奶也下去不少。这样做的结果是偏奶更严重了,一侧像个橙子,另一侧却像个哈密瓜。我的天哪!一直到糖糖长到快1岁时,吃奶量增加,每次都能把两侧奶水吸光。但这时偏奶已经造成,再也无力恢复了。

在此提醒新手爸妈们一定要注意了,千万别让宝宝吃偏奶,否则断奶后两个乳房是不一般大的。

代乳品不是乳品,不能作为婴儿的主食

有些妈妈不能母乳喂养宝宝,此时最好的替代品是配方奶粉。虽然不建议给低龄婴儿食用鲜牛奶、鲜羊奶,但这些也是可以的。但是,对于仍以奶为主要营养物质来源的婴儿来说,切不可用代乳品来代替奶类当主食。这是因为代乳品远远没有母乳或婴儿配方奶粉营养价值高,同时,营养成分也与婴儿的需求不同,如果当作主食,便无法满足宝宝的营养需求,从而导致宝宝营养不良。

最常被用来代替母乳的有下面几种,家长们要注意避开。

炼乳。虽然炼乳是乳制品,而且含糖量适宜,但蛋白质及脂肪

含量太低，不宜作为婴儿的主食。

牛初乳和蛋白粉。目前市场上对牛初乳和蛋白粉的宣传过于夸大，以至于不少父母认为牛初乳和蛋白粉是婴儿的绝佳食品，甚至用其来代替母乳或配方奶粉。事实上，且不论牛初乳和蛋白粉能否提高婴幼儿的免疫力，可以确定的是，它们的蛋白质纯度太高，会加重宝宝肝肾负担，要尽量少吃。

婴儿米粉、乳儿糕。这些食物光看名字似乎很适合给婴儿当主食，其实不然。这些食物多是由面粉和米粉制成，主要营养成分是碳水化合物，而宝宝生长所需的蛋白质、脂肪、钙、铁等的含量严重不足。如果以这些食物作主食，会造成婴儿营养不良，抵抗力下降，甚至患上佝偻病、贫血等疾病。假如是混合喂养的宝宝，喂食这些食物会影响母乳的摄取量，同样会导致宝宝营养不良。

米汤。以前，如果妈妈没奶，就会用米汤代替。现在奶粉普及，虽然以米汤当主食的情况少了，但是，新手妈妈还是会犯一个错误，那就是当宝宝出现消化不良时，就不喂奶了，转而喂米汤。认为奶类含脂肪和蛋白质多，不好消化，而淀粉类食物容易消化。殊不知，婴儿对蛋白质和脂肪的消化能力几乎比成人还要强，而婴儿的胰淀粉酶比成人少，对淀粉食物的消化能力反而较弱。再加上米汤中的蛋白质、脂肪含量少，不足以支撑婴儿的营养需要。

面糊。这是比米汤更差的代乳品。面糊就是用白面熬制成的粥，蛋白质、脂肪及各种维生素含量都很少，而且白面越精制，维生素含量越低。如富强粉中维生素A、C、D含量几乎为零。因此用面糊喂养的婴儿不但营养不良，同时还容易患有维生素缺乏症，患病概率更大，死亡率较高。

一次哺乳时间过长，易引起诸多不适

许多哺乳妈妈都没有考虑过一个问题，那就是"每次哺乳时间多长为宜？"通常情况下，什么时候喂饱孩子，妈妈们才会停止哺乳。殊不知，这是一个错误的认识。如果每次哺乳时间过长，对宝宝的发育也是极为不利的。

首先，先吸出的母乳中蛋白质含量高，脂肪含量低。后段的母乳中，蛋白质含量逐渐降低，脂肪含量逐渐增高。如果婴儿长时间吸食后段的母乳，容易引起腹泻。

其次，喂奶时间越长，婴儿吸入的空气越多，就更容易引起呕吐、溢奶、腹胀等不适。

再次，新生儿含乳头时间过长会使妈妈的乳头皮肤因浸渍而糜烂，而且会养成宝宝日后吸吮乳头的坏习惯。

最后，过长时间吸吮，妈妈和宝宝都很劳累，不但达不到吃饱吃好的目的，还会影响妈妈乳汁的分泌，宝宝也会因为面部肌肉劳累而影响下次吃奶。

那么，哺乳时间多长为宜呢？最好不超过1个小时。

如果母乳充足，宝宝吸吮能力强，每侧乳房吸吮10～15分钟，20～30分钟就吃饱了，此时就不要让宝宝再含着乳头吸吮了。从营养的角度来看，当宝宝吃饱后，拉长吸吮时间非但没有好处，还会影响宝宝健康。就一侧乳房来看，婴儿在最初2分钟内可吃到总奶量的50%，最初4分钟内可吃到总奶量的80%～90%，以后的6分钟内其实已经吃不到多少奶了。这6分钟的吸吮，其作用是刺激催乳素释放，增加下一次的乳汁分泌量，还有助于增进母婴之间的感情。从心理学的角度来看，它还能满足新生儿在口欲期口唇吸吮的需求。

如果宝宝吸吮力弱，或者妈妈乳汁不是很充足，喂一次奶的时间就会拉长，但也不要过长。如果妈妈乳量不够，哺乳时要用手轻挤乳房，帮助乳汁分泌，让婴儿吸吮时不太费力。如果母乳确实不足，影响到宝宝的体重增长，不要延长吸吮时间，而是要在医生的指导下，额外补充配方奶。需要注意的是，配方奶的温度应与母乳尽量一致，奶嘴的柔软度也应与母亲的乳头相似，否则婴儿会拒绝吸吮。

如果婴儿含着乳头不吸吮或者吃吃睡睡，妈妈可轻捏宝宝耳垂或轻弹足心，或者轻拉宝宝的小手指、小脚趾，试试取出乳头等，刺激宝宝加快吃奶的速度。时间长了，宝宝就会形成正常的吃奶时间。

切记，母乳喂养时，两侧乳房要轮流哺乳，如果宝宝总是要吸空乳房，面颊肌就会疲劳，很容易吃着吃着就睡着了。

糖糖妈育儿笔记

糖糖在婴儿时期，每次吃奶时间都在15~25分钟，因为我的奶水充足，糖糖每次都能很快吃饱。1周岁以后，糖糖对奶水的需求量增加，母乳供应开始跟不上，每当看到糖糖吸三四口才能吞咽一次时，我都会把乳头拿出来，糖糖也很识趣地不再含着乳头。这时的糖糖已经养成了吃奶的规律，每天按时按顿吃奶，不会多吃一顿，也绝不会时刻赖在妈妈怀里讨奶吃。

妈妈情绪波动过大,影响母乳质量

多数哺乳的妈妈都知道,自己患有某些疾病时,或者正在服用某些药物时,不能哺乳。可是,你可能想不到,身体健康的妈妈在某些情绪下,身体里也会产生"毒奶"。要知道,只有情绪稳定,才能保证母乳的质量。

一般来说,母乳喂养的妈妈在下列几种激动的状况下,母乳有毒,不能立刻给孩子喂奶。

大喜、大怒、大悲等极端情绪下不能哺乳。哺乳妈妈在生气后,不要立即哺乳,需要等情绪平复后再哺乳。如果情绪过于激动,为安全起见,最好把母乳挤出,第二天再哺乳。盛怒下的母亲体内会分泌大量毒素,这些毒素对妈妈本身不构成致命的影响,但是,如果通过母乳进入婴儿体内,重则致命,轻者也会影响孩子体质,使孩子容易生病。喜怒哀乐等各种情绪的剧烈变化都会影响妈妈体内的代谢,也必然会影响到母乳的质量,此时哺乳不利于宝宝的健康。因此,为了宝宝的安全,哺乳前,妈妈一定要保持平静的心态和状态,如果做不到,就等心情平复了再喂。

中等强度以上的运动后不可哺乳。中等强度以上的运动会让人体内产生乳酸,使乳汁变味,此时不宜哺乳。因此,哺乳的妈妈最好只从事一些温和运动,运动结束后要先休息一会儿再喂奶。

走得太急后不能马上喂奶。有些上班的妈妈怕饿着孩子,一回到家就急急忙忙地喂奶,殊不知,这时候的母乳是有害的。此时乳汁被体内的热气所侵（俗称"热乳"），质量变差，婴儿吃了对健康不利。因此，妈妈不要一回到家里就马上给宝宝喂奶，最好休息15～20分钟，等情绪平复后再喂奶。

妈妈洗浴后不宜马上哺乳。许多妈妈喜欢洗完热水澡后，立刻抱着宝宝喂奶，觉得这种暖融融的感觉非常好。其实这样做是不好的。因为如果妈妈是洗热水澡，便会产生"热乳"；如果是洗冷水澡，母乳受凉，质和量也都可能发生变化。婴儿吃了这样的母乳后，很容易产生不适。正确的做法是，妈妈洗浴后，先休息一段时间，待气息平定下来，再轻揉乳房，然后喂奶。

<u>※婴儿洗澡之后也不宜马上喝奶。因为此时宝宝的气息未定，立刻吃奶会损害脾胃，甚至可能患上赤白痢疾。</u>

房事后不宜马上哺乳。哺乳的妈妈房事结束后要平复一段时间才可哺乳，这是因为性生活也会让乳母产生"热乳"，对婴儿不利。另外，哺乳期的妈妈在房事时要避免使用化学物质及服用药物等，这些行为都会影响乳汁的质量。

职业妈妈要提前做准备，让宝宝顺利适应奶瓶

现在的妈妈多数是职业女性，通常情况下，当宝宝4个月或6个月时，妈妈的产假就结束了，必须重返职场。这就意味着两种情况：一是如果妈妈的公司离家比较远，在上班时间，宝宝不能直接吸吮母乳了。如果还要坚持母乳喂养，就必须让宝宝习惯在妈妈不在的时间里用奶瓶喝奶；二是即使妈妈的公司离家较近，也不可能做到宝宝饿了就喂。要让宝宝适应上面两种转变，不是一朝一夕就能做到的，因此，妈妈在重返职场前要早做准备，免得宝宝一下

子不适应新的吃奶方式，白白挨饿。

上班妈妈要做的准备包括如下方面。

（1）妈妈上班前一两周就开始模拟上班后的作息时间，逐渐调整宝宝的哺乳时间，将宝宝的喂奶次数减少到上班时的次数，这样宝宝适应，妈妈的身体也能慢慢适应，不至于乳房肿胀不舒服。比如单位离家比较近的妈妈，上班前喂饱宝宝，中午回家喂一次奶，晚上下班后再加上夜里喂几次奶，基本可以满足宝宝的吃奶需要了。

（2）提前一两周开始培养宝宝用奶瓶喝母乳的习惯。如果妈妈的单位离家远，宝宝白天就需要用奶瓶或小勺等用具吃奶，这需要尽早训练。如果妈妈没有条件直接哺乳和存储母乳，白天只能喂宝宝配方奶，那么此时就要培养宝宝吃配方奶的习惯。

（3）尽早熟悉吸奶器及储奶用具的使用及解冻母乳和喂食的方法。如果妈妈上班后仍想保证纯母乳喂养，可以在上班前一天或在上班时将母乳挤出储存，上班时，请照顾宝宝的人代喂一两次。现在有现成的吸奶器、存储器等，妈妈们只要事先演练纯熟，就会让宝宝在妈妈上班时也吃得饱饱的。

（4）存储母乳的方法很重要。妈妈上班后，要事先每隔3~4个小时吸一次奶储存到容器内，便于妈妈不在家时让宝宝喝。如果妈妈上班时有条件吸奶，可以在上班时定时吸奶，然后保存在冰箱里，下班后带回家中；假如不方便，就要提前一天在家里准备好。一般来说，挤出来的母乳在室温条件下存放6~8小时，冷藏5天，或冷冻4~6个月都没有质量问题。当然，能尽早喝完就最好尽早喝完。

储存母乳的容器以玻璃、硬且清澈的塑料罐或母乳袋为佳。切记，每次挤出的奶都要单独盛装，并在容器外贴上挤奶的时间及日期，以便于清楚地知道母乳是否过期，同时防止被污染。

建议妈妈们，即使工作再忙，也尽可能定时吸奶，这样可以有效防止奶胀和泌乳量的减少，使哺乳可以很好地继续下去。

（5）选择信得过的看护人。选择白天照顾宝宝的看护人很重要，这个人必须要有耐心和爱心，能在妈妈不在家时用奶瓶或小勺喂好宝宝，并使宝宝渐渐习惯这种方式。

小常识：存放及取用母乳的关键细节

※冷冻或低温冷藏母乳时，容器不要装得太满或把盖子拧得过紧，以防乳汁结冰膨胀而胀破容器。如果用塑胶袋存储母乳，最好套两层且要挤出空气，留约1寸的空隙，然后直立放在圆筒形的容器内，以免破裂或冻成不规则的形状不好取用。

长期存放的母乳最好不要用塑胶袋装，以免冻裂。

冷冻母乳退冰后不可再冷冻，只可冷藏。母乳一旦加温后，不可再次冷藏，只能丢弃。因此，母乳存储时要分装成小份（60~120 mL），既方便喂食，又不浪费。

母乳过冷时会出现分层现象，这是因为母乳中含有很多油脂所致，加热时要轻轻摇晃，使其混合均匀再喂食。摇晃时不要太用力，否则会加剧油脂和蛋白质结团，适得其反。

冷冻母乳在使用前要先用冷水或放置在冷藏室慢慢解冻退冰，然后用温水隔水升温即可，切不可在室温下解冻，以免细菌污染。如需快速退冰，可将容器隔水加温。

※母乳加热的最好办法是将装奶的奶瓶隔水放入温水中，并随时摇匀，然后用手腕内侧测试奶的温度，合适的奶温应和体温相当。

不可直接用微波炉解冻或加热冷冻母乳，因为微波炉加热不均匀。也不可直接在火上加热、煮沸，会破坏母乳的营养成分。

解决乳头混淆，妈妈要学会"斗智斗勇"

妈妈上班后，多数宝宝白天要用奶瓶喂母乳或配方奶，早晚两顿吸吮妈妈的奶。有些敏感的宝宝就可能发生乳头混淆现象，要么拒绝奶瓶，要么拒绝再吸吮母乳。假如你的宝宝出现乳头混淆，妈妈不能用蛮力，硬逼着宝宝屈服，而是要使用些策略，用巧劲解决问题。新手妈妈可以尝试下面的方法。

1. 宝宝抗拒吸吮母乳怎么办

当宝宝无法吸吮乳房时，妈妈可以用杯子、汤匙来喂食母乳。这样一来，宝宝没有接触奶嘴，也就不会出现乳头混淆的问题了。

※妈妈产后应马上哺喂母乳，让宝宝熟悉并学会吸吮妈妈的乳房。宝宝没有接触奶瓶的机会，自然就不会有乳头混淆的问题。

不要过早使用奶瓶、奶嘴。在重返职场的前几天再开始让宝宝尝试奶嘴、奶瓶，切不可抱着让宝宝尽早熟悉奶瓶奶嘴的想法。提早让宝宝使用这些用品，可能会让宝宝习惯了更省力的奶瓶、奶嘴，反而不吸吮母乳了。

使用流速较慢的奶嘴。流速慢的奶嘴吸起来费力，比较接近吸吮乳房的感觉，可以让宝宝比较容易适应两者的转换，也不大容易抗拒吸吮妈妈的乳房。

让宝宝在想睡觉的时候吸吮母乳，此时宝宝的分辨能力较差，一般不会抗拒乳头。

在宝宝有点饿时哺乳，如果宝宝肚子饿了，就会比较有耐心地吸吮母乳。切记，不要等到宝宝饿得大哭时才哺乳，如果让宝宝在非常饥饿的情况还要费力吸吮，宝宝会产生挫折感，从而更加抗拒吸吮母乳。

先挤出点奶水，或者使用辅助喂奶器。

假如宝宝已经发生了乳头混淆，不愿意吸吮妈妈的乳房，妈妈要多让宝宝接触乳房，让他对乳房重新产生兴趣。

有时候，宝宝之所以不愿意吸吮母乳是因为奶水太少。这时候妈妈可以先挤出一些奶水，等奶水的流速变快后再让宝宝吸吮。假如妈妈的奶水明显过少，宝宝全程吸吮都很费力，可以考虑使用辅助喂奶器。辅助喂奶器由一个可储存母乳的奶瓶和一根与奶瓶相连的喂食管组成。使用时，妈妈让宝宝同时吸吮乳房和喂食管，这样，宝宝一边吸吮母亲的乳房，一边通过喂食管吸到奶瓶里的奶水，就不会觉得吸吮母乳太费力了。

2. 宝宝抗拒奶瓶怎么办

有些宝宝愿意吸吮母乳，反而会拒绝奶瓶奶嘴。这时候，妈妈们可以试试下面的方法。

使用杯子或汤匙喂奶，因为杯子和匙子与妈妈的乳房完全不同，宝宝不会与吸吮乳房的感觉进行比较，也就不会抗拒。

注意奶水的温度是否合适。宝宝之所以拒绝奶瓶，有可能是因为奶水的温度过高或过低，妈妈在喂奶前要试一试奶温。一般来说，适宜的奶水温度应该在40℃左右。

模拟吸吮母乳的情景与感觉，让宝宝觉得自己在妈妈的怀里吃奶。具体可以这样做：喂奶时，让照顾者披上妈妈的衣物，用妈妈哺乳时的姿势抱着宝宝，让宝宝觉得在妈妈的怀里。然后挤出一点奶水在奶嘴上，让宝宝闻到母乳的味道，吸引其吸吮奶嘴。

小常识：断奶不能太早，母乳可以吃到2岁

母乳到6个月的时候就没有营养了。事实上，有调查表明，母

乳喂的时间越长，宝宝日后患癌症、脑膜炎、骨质疏松、糖尿病和哮喘等疾病的概率越低。目前也有研究指出，母乳在宝宝第二年提供的抗体反而会增多。世界卫生组织、国际母乳会等都建议，宝宝不可断奶过早，至少喂母乳1年，甚至可以吃到2岁。

喂完奶后随意"折腾"宝宝容易溢乳

婴儿喂养，防止溢乳和呕吐是非常重要的事项。有些新手妈妈在给宝宝喂完奶后，忽视了"防止溢乳"这件事，随意"折腾"宝宝，结果让原本就容易溢乳的宝宝更容易溢乳和呕吐。比如，有些妈妈给宝宝喂完奶觉得很累，便马上把宝宝放在床上，却发现宝宝吐奶了；还有些妈妈喂完奶后，立刻忙着给宝宝换尿布，翻来覆去地折腾宝宝，结果宝宝吐奶了……

所谓溢乳，通俗地说，就是吐奶。溢乳有生理性溢乳和病理性溢乳之分，大多数婴儿溢乳都属于生理性的，而且越小的婴儿越容易溢乳，这与婴儿的胃部发育有关。婴儿的胃容量小，胃体呈水平位，入口和出口几乎在同一个水平位上，同时，连接食管处的贲门较宽，括约肌松弛，关闭作用比成人差，而连接小肠处的幽门又比较紧，不利通气。因此，进入胃内的奶汁不易通过幽门进入肠道，却容易通过贲门返流回食道，溢入口中，这就是溢乳。一般来说，宝宝吃奶时或多或少会吸入空气，胃里的空气往上升，就会顶上来小部分的奶。如果宝宝吃完奶后没有排空气就立刻躺下或者经受"折腾"，就加重了溢乳的可能性。

为了防止宝宝生理性溢乳和呕吐，妈妈们在喂奶时要掌握下面几个窍门。

喂奶时，尽可能让宝宝少吸入空气。吸吮母乳时，让宝宝含住整个乳头和大部分乳晕，以免吸入过多空气，同时，还要避免宝宝吸空乳头；使用奶瓶喂奶时，要让奶汁充满奶嘴，以免宝宝吸入空气。

喂奶时，不要让宝宝吃太急，导致打嗝而吐奶。母乳喂养的宝宝，如果妈妈的奶水比较冲，要用手指轻轻夹住乳晕后部，让奶水缓缓流出；人工喂养的宝宝不要使用开孔过大的奶嘴，以免奶液流出太快太多。

不要让宝宝吃得过饱。如果喂奶次数过多过频，上一餐吃进的奶液还没消化完，又吃进奶，就易引起胃部饱胀，以至吐奶。

吃奶后要给宝宝拍嗝。给宝宝喂奶后，不要马上将其放在床上，而是将其竖着抱起来，轻轻拍孩子的背部，直到打嗝，或者坚持拍5分钟左右，使宝宝吞入胃里的空气排出后，再缓缓放下。

吃奶后，不要让宝宝仰躺。如果宝宝吃完奶后不方便抱起来拍背，如晚上，要让宝宝朝右侧睡。这样，就算宝宝吐奶，也会从嘴旁边流出，而不易呛奶。

吃奶后，不要让宝宝立即运动，如换尿布、摇晃、翻身等，这些动作等吃奶后半小时再进行。如果喂奶后发现宝宝尿了、拉了，也不要急着换尿布，待宝宝熟睡后，再轻轻更换。

※生理性溢乳不需要治疗，只要注意护理，一般随着月龄的增加，都会慢慢减轻直至消失。

当宝宝出现生理性溢乳时，通常表现为轻吐或少量溢出奶液，此时擦干净即可。假如出现大量吐奶或者喷射状吐奶，就要按照如下步骤立刻进行护理。

将宝宝抱起来，让他的头侧向一边，使奶液顺畅流出。

如果宝宝出现呛咳现象，做完上一步后，大人要用手指卷住毛巾、软布等伸入宝宝口腔甚至咽喉处，将吐出的奶水快速清理出来，免得影响宝宝呼吸。如果口腔也有乳液溢出，要先清理口腔。

假如宝宝出现憋气或脸色涨红等情况，可能有奶液、奶块进入气管了，此时要立刻让宝宝俯卧在大人膝上，用力拍打宝宝背部4~5次，促使其咳出呛入物。

完成以上步骤后，如果宝宝还存在呼吸不畅或其他不正常的症状，要立刻送医。

小常识：病理性溢乳的辨别与常见诱因

病理性溢乳是因身体疾病引起的吐奶，要马上带宝宝去医院，通常治好原发病就不会再吐了。病理性溢乳与生理性溢乳存在如下几个明显的不同。

生理性溢乳通常发生在4个月前的宝宝，尤其是新生儿；而病理性溢乳会发生在任何月龄的宝宝身上。

生理性溢乳的吐奶量一般不多，要么溢出少量奶液，要么打了个嗝带出来一口奶；病理性溢乳的症状会很强烈，吐奶呈喷射状，吐完奶液后还可能吐出胃液。

生理性溢乳吐出来的奶是原状液体；病理性溢乳则可能吐出奶块。

生理性溢乳吐完后，宝宝没有痛苦的表情，有时甚至更愉快；病理性溢乳则伴随着其他身体不适的症状。

引起宝宝病理性溢乳的常见疾病有下面几个：

消化不良，肠炎。患此疾病的宝宝一天中会出现多次喷射状吐奶，也可能吐出少量带奶块的奶液，同时伴有恶心、食欲不振，小便少，大便混有泡沫或呈黏胶状。宝宝总是伸舌头，舌苔有较厚的白层。

病毒性感冒。通常是发生在咳嗽之后的吐奶，伴有流鼻涕，有时有发热现象。

中毒。各种中毒都会引发宝宝呕吐，同时还可能伴有腹痛、头晕等症状。

脑部疾病。患此疾病的宝宝会出现剧烈的喷射性呕吐，伴随尖声鸣咽或哭泣、嗜睡、不愿意被人触摸、皮肤过敏等症状，宝宝的前囟门明显突起。

先天性肥厚性幽门狭窄。新生儿比较容易患此病，一般在出生3周后症状明显，每次吃完奶后会出现喷射状吐奶，并伴有奶块，同时体重减轻，精神不振。

哺乳妈妈不可代替婴儿服药

我们一直强调哺乳的妈妈不能随便吃药，因为药物可以通过乳汁进入宝宝体内，造成不良影响。于是，当婴儿患病需要吃药时，有些妈妈逆向思维，觉得婴儿喂药困难，不如自己代替宝宝吃药，这样药物就可以通过乳汁喂给宝宝，既解决了"喂药难"问题，也能让宝宝少吃点苦。

这种想法严重错误。原因很简单。一来，妈妈服药后，虽然药物能从奶汁中分泌排出，但大多数情况下，含量极微，对于婴儿来说，根本起不了治疗的作用。二来，药物通过乳汁进入婴儿体内后，会使病菌演变成耐药菌株，产生抗药性或不良后果。比如，哺乳的妈妈服用维生素B后，体内会因为糖代谢不全而产生过多的丙酮酸，当婴儿吃了含丙酮酸过多的母乳后，会引起中毒甚至突然死亡。妈妈服用溴剂后，会引起婴儿皮疹和嗜睡。妈妈服用碘剂，会影响婴儿甲状腺的发育和功能，等等。

总而言之，宝宝生病后，如果需要吃药，要遵医嘱喂食。妈妈千万不要异代替宝宝服药。

小常识：哺乳妈妈慎用或禁用的药物

（1）要慎用下列抗生素类药物和磺胺类药物：四环素、氯霉素、红霉素、卡那霉素、磺胺类药物。如需服用以上药物，妈妈应暂停哺乳，以配方奶代哺。

（2）要禁用各种神经中枢抑制药物，如苯妥英钠、苯巴比妥、安定、安宁、利眠宁等。

（3）要慎用或尽量不用放射性碘剂、硫脲嘧啶、香豆素类药物、麦角制剂，以及甲糖宁、阿托品等。

（4）妈妈在哺乳期间不宜服用避孕药，可采用其他方式避孕。

虽然多数药物不影响哺乳，但服药时间有讲究。

从理论上讲，凡分子量在200Da以下的药物，哺乳期的妈妈摄入后均可在母乳中出现。不过，由于多数药物在乳汁中的含量不会超过摄入量的1%~2%，此量通常不会危害到婴儿，而且大部分可能不会被吸收，因此，除了上面提到的不能服用的药物和医生叮嘱不能服用的药物外，妈妈不必由于服药而中断哺乳。

尽管如此，让婴儿从母乳中摄入的药物还是越少越好，最简单有效的方法是拉长服药与哺乳的间隔时间，因为服药后越晚哺乳，母乳中的药物含量越少。妈妈可以在哺乳后立即服药，并尽可能推迟下次哺乳的时间。对已建立定时哺乳的婴儿，每隔4小时哺乳并不困难。

第四章
混合、人工喂养，最怕营养不良

虽然母乳喂养对宝宝的好处多多，但有些新手妈妈由于诸多原因，不得不人工喂养。这些妈妈也不必遗憾，只要掌握好正确的喂养办法，宝宝也能健康长大。

选择配方奶，避开7个认识误区

混合喂养或者人工喂养的宝宝，首要问题就是选择代替母乳的乳品。在选择代乳品时，妈妈们要注意避开以下误区。

（1）鲜奶比喝配方奶粉好。不少新手妈妈在喂养宝宝时，往往想当然地以成人的角度看待问题，认为新鲜的、天然的牛奶、羊奶比配方奶粉好。事实上，给婴儿喝鲜牛奶并不好。这是因为婴幼儿的肠胃系统、肾脏等尚未发育完善，不具备成人强悍的消化能力，而且婴幼儿与成人所需的营养物质也有差异。而鲜奶中的各种营养物质比例，以及某些营养物质并不适合婴幼儿。比如，鲜奶的含磷量较高，会影响钙的吸收；高含量的酪蛋白不仅不容易被胃肠道吸收，还会与胃酸反应后凝结成块；鲜奶中的大量α型乳糖容易诱发婴儿胃肠道疾病；鲜奶中的矿物质会加重肾脏负担，使婴儿出现慢性脱水、大便干燥、上火等症状；鲜奶中的脂肪主要是动物性饱和脂肪，会刺激婴儿柔弱的肠道，从而发生慢性隐性失血，引起贫血；鲜奶中还缺乏脑发育所需的不饱和脂肪酸，不利于婴儿大脑的发育。

而配方奶粉则是根据不同月龄的婴儿的生理特点，尽可能地模仿母乳搭配种种营养物质，是最适于替代母乳的乳品。

因此，如果没有办法纯母乳喂养，应该给宝宝吃适合其月龄的配方奶粉。

一般来说，4个月以内的婴儿可选择含蛋白质较低的婴儿配方奶粉，6～8个月可选用蛋白质含量较高的配方奶粉。那些对乳类蛋白质过敏的患儿可选用以大豆作为蛋白质的配方奶粉。

※2岁以内的宝宝，其消化系统及肾脏功能尚未成熟，牛乳、羊乳都有不可避免的缺陷，最好喂母乳或配方奶粉，不要喝鲜奶。如果一定要喂食新鲜牛奶、羊奶等乳品，一定要煮沸消毒，并且要稀释及加糖调配后方可食用。

（2）配方奶粉越贵越好。不少新手妈妈没有挑选奶粉的经验，于是抱着"一分价钱一分货"的想法，专挑贵的奶粉买。事实上，只要是合格的奶粉，不论贵贱，同类产品的营养成分都差不多。有些奶粉之所以非常昂贵，要么是利用妈妈们的消费心态，故意炒作，要么是因为税费、运输成本较高，并不说明这些贵的奶粉就比便宜的质量好。当然，大家也不能贪便宜买假冒伪劣产品，要多方比较再出手。那些价格过于低廉、制作粗糙的奶粉必然不是好奶粉。各位新手妈妈们在选购奶粉时要特别关注的是奶粉的生产是否规范，购买渠道是否正规，避免买到假冒伪劣产品。

※虽然配方奶粉可以一直喝，但要注意选择适合婴儿年龄的配方奶粉。

（3）奶粉喝起来越香浓越好。有些新手妈妈喜欢买冲调后香味扑鼻、喝起来浓稠的奶粉，觉得这样的奶粉营养含量高，宝宝也更喜欢喝。其实，安全合格的奶粉只有淡淡的奶香味，无特殊的气味。

（4）强化奶粉比普通奶粉好。现在的奶粉越做越细，各种强化奶粉比比皆是，如强化铁、钙、锌等奶粉。其实，除了喝奶以外，6个月以上的婴儿还要吃辅食，许多营养成分从辅食中就可以得到补充，而且更加安全。再者说，如果宝宝不缺乏某种营养物质，如铁、钙、锌等，补多了反而不好。

含钙高的奶粉对婴儿好。因为给宝宝补钙是妈妈们最热衷的事情之一，所以不少奶粉厂家投其所好，大推高钙奶粉。妈妈们光顾着补钙了，却忽略了自己的宝宝是否缺钙。要知道，含钙高的奶粉是添加了化学钙,如果你的宝宝并不缺钙,过量的化学钙不但不能被吸收,还会使大便变硬,难以排出,时间长了,容易在体内生成结石。

因此,新手妈妈在选择奶粉时,不必过于纠结某一两种营养成分的含量,重要的是为婴儿选择适合月龄且质量可靠的配方奶粉。

(5)溶解速度越快的奶粉质量越好。配方奶粉是由奶粉、乳清粉、奶油粉、微量元素等诸多原料混合而成的,这些原料的质量、比例才是决定奶粉质量的关键因素。而奶粉的溶解速度快只是省事,与质量和营养成分含量没有必然的关系。

(6)进口奶粉比国产奶粉好。目前市场上1岁以内的婴儿配方奶粉,只要是合格的产品,无论是进口的,还是国产的,其中的营养成分都大致与母乳接近。

※如果妈妈一定要选购国外的奶粉,喂养之初要格外注意宝宝是否有不良反应,因为国外产品多是根据当地人的体质特点而设计,却未必适合我国婴儿的体质。

混合喂养要以母乳为主,母乳和奶粉不可同一顿喂食

许多混合喂养宝宝的妈妈来问我:母乳是攒够了再喂,还是有多少喂多少?如果宝宝饿了,应该先吃母乳,还是配方奶?如果宝宝饿了,母乳却不多,是混合着喂呢,还是一次用配方奶喂饱?如果宝宝吃母乳没吃饱,应该马上喂配方奶,还是要等一段时间呢?

要回答上面的问题，妈妈们先要明确以下两个问题。

第一，混合喂养的原因只有两个，那就是妈妈的母乳暂时不宜食用，或者母乳量的确过少，不能满足宝宝的需求，否则都不建议混合喂养，尤其是3个月以内的婴儿尽量不要进行混合喂养，应以母乳喂养为宜。因为这一阶段的婴儿抗病能力弱，肠胃的适应能力还比较差，而配方奶中含的蛋白质、铁等营养物质与母乳中的不同，宝宝还无法很好地消化其中的蛋白质。

第二，宝宝越是经常吸吮妈妈的乳头，乳汁分泌得就越多。

※是否需要添加奶粉，要根据宝宝体重的增长情况而定，以2～3个月的婴儿为例，如果宝宝一周体重增长低于200 g，可能是母乳量不足了，需要添加配方奶。

明确了这两点，就可以回答上面的问题了。

（1）混合喂养以母乳为主，要充分利用有限的母乳，并且想办法让母乳越来越多。换言之，母乳不要攒着不给宝宝吃，要尽可能让宝宝吸吮母乳。如果让宝宝重点吃奶粉，偏废母乳喂养，母乳就会越来越少。

（2）基于以母乳为主的原则。如果宝宝饿了，只要有母乳，就要先喂母乳。

（3）在一次喂奶中，要么只吃母乳，要么只吃配方奶粉，不能在一顿内既吃母乳，又喝配方奶，免得引起宝宝消化紊乱，甚至发生乳头错觉。喂母乳后，即使宝宝没吃饱，也不要马上喂配方奶粉，可以将下一次喂奶时间提前。

（4）根据两次喂奶的间隔确定喂母乳还是奶粉。如果宝宝吃完母乳后不到1个小时就要吃奶，而此时妈妈感觉一点母乳都没有，就可以给宝宝喂配方奶，宝宝能吃多少喂多少。如果距离上次喂奶时间在1小时以上，无论奶水是否充足，都要先喂母乳。假如宝宝吃完母乳后不哭闹或睡着了，就不要再喂配方奶了。如果宝宝因为吸不到母乳而哭闹，且不愿意再吸吮，则给宝宝补充配方奶。

举例来说，如果7点喂母乳，宝宝8点以后才要吃奶，此时距上一次喂奶有1个多小时了，可继续喂母乳；假如宝宝在8点以前就饿了，而这时乳房没奶，可先尝试着喂母乳，如果宝宝吸不出乳汁而哭闹，或者把乳头吐出来，就停止母乳喂养，改喂配方奶粉。3个小时后，也就是11点时再喂母乳。接下来看宝宝是在1个小时以前还是以后要吃奶，如果12点以后要吃奶，就喂母乳，否则就先尝试母乳，再喂配方奶。依此类推。

要强调的是，当宝宝吸不出母乳后，不要立即喂配方奶，免得宝宝对于母乳吃着费劲，而配方奶吃着容易产生强烈的对比，以后即使有母乳，也不肯吸吮了。

如果上次喂的是母乳，下次喂奶时间可不限制，宝宝饿了就喂，妈妈感觉奶胀了就喂。如果上次喂的是配方奶，下次喂奶时间要相对限制，可2~3小时喂一次，最好3小时喂一次，并由此确定混合喂养的时间安排。

喝剩的奶粉不能留到下次，冲调太浓太淡都不行

人工喂养宝宝时，奶量和奶的浓度需要人为掌握。如果妈妈们没有基本的常识，就会出现错误操作，影响宝宝的健康。

（1）将喝剩的奶粉留到下顿。有些妈妈怕宝宝吃不饱，每次冲调奶粉都会多冲一些，然后将喝剩下的奶放着，等宝宝下次饿了时接着喂。这是个不好的习惯。如果冲好的奶粉没有吃，常温下放置2个小时以上就开始滋生细菌；即使放入冰箱冷藏，也不可超过

24小时。吃剩下的奶，应该丢弃，不建议留到下顿再喂宝宝，因为奶与唾液已经接触，半小时后就开始滋生细菌了。

（2）冲调太浓或太淡。"为了宝宝吃得饱，我把奶粉调得浓一些。""我家宝宝好像有点缺水，我把奶粉调得淡一些。"这种随心所欲、想当然地冲调奶粉的妈妈不在少数。殊不知，奶的浓淡对宝宝的发育很重要，而且月龄不同，对奶的浓度要求也不同（奶的浓度与月龄成正比，月龄越大，奶的浓度越大），即便是1个月以内的新生儿，对奶的浓度要求也是一直变化的。这一点对于母乳哺养的宝宝来说，只要哺乳妈妈身体、饮食等各方面正常，母乳就会自然而然地调整到最适合宝宝的状态。而对于人工喂养的宝宝来说，就需要妈妈们小心地调整。

奶粉为什么不能冲调过淡？因为奶是宝宝的主要营养来源，而宝宝的胃容量有限，如果奶中的水太多了，营养摄入就不够，会使宝宝营养不良。

那么，奶粉为什么不能调得太浓呢？因为婴幼儿的肾脏、肠道发育和功能尚不成熟，对营养物质代谢的调节能力有限。如果奶粉冲调太浓，超过宝宝能够负荷的浓度，就会增加宝宝肠道、肾脏的负担，引起呕吐、腹胀、腹泻、脱水等症状，还可能损伤宝宝整个消化系统。另外，奶粉过浓会使婴儿血液中的尿素氮含量增高，尿素氮是人体内的有毒物质，对婴幼儿的危害很大。

因此，新手妈妈们在给宝宝冲调奶粉时，一方面应选择适合月龄的奶粉；另一方面是要严格按照说明冲调。

> **糖糖妈育儿笔记**
>
> 　　给糖糖冲奶粉时，我都会备一个有容量刻度的玻璃杯，冲泡奶粉时，用玻璃杯量好需要的水量，比如1平勺奶粉要加30 mL水，冲3勺奶粉就要量好90 mL水，可以很好地避免奶粉太浓或太淡。夏天天气炎热时，我会稍微多放一点儿水，加100 mL的水。总之，如果宝妈们掌握不好配比，我的建议是宁淡勿浓，淡指的是可以稍微多加一点儿水，但也不能太淡，否则长期下来，宝宝会营养不良。

配方奶中不可随便加东西，一加一的结果可能为负

　　不少新手妈妈希望宝宝能够摄取到更多的营养物质，可是宝宝的喂奶次数、吃奶量就那么多，怎么办呢？有些妈妈就会在调好的奶里加入其他食物，以为这样可以让宝宝获得更多的营养。殊不知，食物有相生也有相克，有些食物加入奶中，不但没有"一加一等于二"的效果，还会起副作用。下面这几个错误是妈妈们最常犯的。

　　（1）在配方奶粉中加糖，认为这样可以"败火"。喝奶粉的婴儿比吃母乳的婴儿更容易上火，于是有些家长为了给宝宝"败火"，在冲调奶粉时总会加一些糖。这种做法是不对的。配方奶粉的营养成分是针对不同年龄婴儿的需求而科学搭配的，食用时不需要再添加别的物质。如果加糖过多，反而会使营养搭配不合理，造成婴儿体内高糖、肥胖等不良状况。

　　喝奶粉的宝宝容易上火，这是事实，为此，家长们要做的是注

意给宝宝补水,而不是加糖。

(2)将奶粉和米糊混在一起吃。宝宝开始添加辅食时,米粉是最早开始添加的食物。有些妈妈会将奶粉和米粉混在一起喂宝宝吃。这样做并不科学。因为乳类仍是婴儿的主食,婴儿进食配方奶的量是有要求的。由于婴儿配方奶粉的营养搭配是固定的,如果加入以碳水化合物为主要成分的米粉,等于改变了配方,减少了宝宝摄入蛋白质的量,会使宝宝营养不良。

当然,并不是说奶粉一定不能与米粉混着冲调。由于米粉的添加量是由少到多的,最初量少时可以用奶粉调,便于宝宝接受米粉的味道。但是,米粉的量不能影响奶粉的量。冲调时,要先调好奶粉,再加入米粉。等米粉的添加量增多时,就要尽可能在奶之外单独添加。如果宝宝喜欢奶味,可以去买奶粉味的米粉。

(3)将牛奶和米汤、米粥、米粉混着喝。牛奶和米汤、米粥、米粉的营养都很丰富,都易于消化吸收,是婴儿的理想辅助食品。但是如果将米汤、米粥、米粉与牛奶混在一起给婴儿喝,反而会损害各自的营养成分。这是因为米汤、米粥、米粉中含有一种脂肪氧化酶,会破坏牛奶中的维生素A。维生素A对于促进宝宝的机体生长发育、维护上皮组织、增进视力等有着重要作用,如果婴儿长期摄取维生素A不足,会导致发育迟缓,体弱多病,而婴儿主要是依靠乳类食品来摄取维生素A。因此,切不可将米汤等与牛奶混合后让宝宝食用,而是要分开吃。

宝宝一吃奶粉就吐,可能是牛奶过敏

配方奶粉都是以牛奶为原料的。有些宝宝一吃配方奶粉(或牛奶）就吐，并且可能伴有突然大声哭闹、面色潮红或苍白、两手握拳、两腿屈曲于腹部、腹胀同时腹泻、大便带血丝等症状。有些宝宝还可能有周身出现荨麻疹、肛周糜烂、哮喘等症状。这样的宝宝很可能是对牛奶蛋白过敏或乳糖不耐受，家长要带宝宝去医院检查。如确诊，则可以在医生的指导下，换用针对牛奶蛋白过敏的奶粉或无乳糖的奶粉。停奶后，这一症状就会即刻缓解，婴儿到5~6个月后肠黏膜发育完善，牛奶过敏的现象也会越来越少，妈妈们只要积极配合治疗即可，不必过于担心。

在治疗宝宝牛奶过敏症时，妈妈们要注意以下几个问题。

（1）确定牛奶蛋白过敏必须做相应的试验检查，而不是仅根据似是而非的症状就认定。

（2）哺乳妈妈也要注意少喝或不喝牛奶，免得牛奶蛋白及乳糖通过母乳影响混合喂养的宝宝。

（3）治疗牛奶蛋白过敏的奶粉有游离氨基酸奶粉，还有深度水解蛋白奶粉。有妈妈担心地问我："游离氨基酸配方奶粉中不含蛋白质，会不会让宝宝营养不良啊？"这位妈妈是陷入了认识误区。蛋白质本就是由氨基酸构成的，普通配方奶粉中的牛奶蛋白进入体内后，最终也会被分解成氨基酸。而游离氨基酸配方奶粉只是通过某些技术将蛋白质水解成游离氨基酸，去除了蛋白质上的致敏抗原，却并没有完全去除牛奶中的蛋白质。

（4）不必一直吃抗过敏的奶粉，当宝宝症状经治疗逐渐消失后，可以慢慢转为低敏奶粉，比如适度水解蛋白奶粉。同时也可以慢慢尝试喂牛奶，从少量喂起，如只有轻微过敏反应，不影响婴儿的健康，可以隔三天后再加量。如果随着牛奶量的增加，过敏症状不加重且逐渐减轻，则在增加奶量的同时，缩短喂奶的间隔时间，直至过敏现象完全消失。

糖糖妈育儿笔记

糖糖断奶后吃的是普通奶粉，吃了大概半年，期间经常出现腹泻，而且食欲一直不太好，像营养不良的样子。于是我们决定带糖糖去北京检查，结果发现是牛奶不耐受，在医生的建议下，换成深度水解蛋白奶粉。牛奶不耐受和普通过敏不一样，准确地说，糖糖在吃了牛奶后，不仅不会补充营养，还会激发身体里原有储备的营养组成抗体来对抗牛奶，时间久了，就会造成轻度的营养不良。同时检测出来的还有鸡蛋不耐受。大概吃了一年的特殊奶粉后，再次去北京检查，依然是重度不耐受。我们跑遍了北京有名的儿童医院，对于能不能再食用、如何治疗，有两种态度，一种认为可回避实验，就是吃一段时间观察一阵，如果反应大，就停止，过一段时间再吃，有反应就停，这样反复实验，可以帮助孩子治疗不耐受。另一种则认为要完全回避，终身禁止食用。我和糖糖爸又查了不少资料，最终决定采用可回避实验。我们认为随着孩子慢慢长大，她身体各方面的功能会逐渐完善成熟，有朝一日是可以适应牛奶和鸡蛋的。

总之，新手妈妈们在给宝宝选购奶粉时，一定要多观察宝宝食用后的反应，及时咨询医生，除了像文中写到的明显的过敏症状外，还有像糖糖一样的没有表面反应的牛奶不耐受，后者更应警惕。

牛奶忌煮太久，忌用文火

有些稍大的宝宝会开始喝鲜牛奶，妈妈煮牛奶时会有意煮很长时间，认为这样消毒更彻底，也更容易宝宝消化吸收。其实不然。长时间加热会严重影响牛奶中重要营养物质的形状，从而产生沉淀，影响宝宝的摄入及消化吸收。

首先，牛奶所含的蛋白质呈液态微粒状，会因为加热而产生很大的变化。当牛奶温度达到60℃～62℃时，蛋白质就会出现轻微的脱水现象，蛋白质微粒会由溶液状态变为凝胶状态，并出现沉淀。如果延长加热时间，牛奶中蛋白质的脱水现象会更严重，同时也会有更多的脂肪凝结起来，不利于宝宝消化。

其次，牛奶中含有一种非常不稳定的磷酸盐，加热后也会形成不溶物质，从而形成沉淀。

最后，当牛奶加热到100℃时，牛奶中的乳糖开始分解，使牛奶带有褐色，还会生成少量的甲酸，使牛奶的味道发生变化，带有酸味。

同理，为了防止牛奶煮的时间过长，忌用文火加热，否则，奶中的维生素等成分会因空气氧化而遭到破坏，从而降低营养价值。

要想既不破坏牛奶中的营养成分，又能充分杀灭细菌，妈妈们要这样煮牛奶：先用旺火将牛奶迅速加热至沸腾，然后立刻离火，待落滚后再加热，如此反复3～4次，既能保持牛奶的养分，又能杀灭奶中的细菌。

新生儿、早产儿睡眠时间长,要注意叫醒吃奶,否则易致低血糖

一般来说,即使是刚刚出生的宝宝,也知道饱饿,而且会用自己的方式告诉妈妈自己该吃奶了,比如哭闹。但是,也有特殊情况,比如新生儿,尤其是出生2周以内的新生儿,除了吃奶,几乎所有的时间都在睡觉,有的宝宝一次睡眠时间超过四五个小时。此外,早产儿和体重低的婴儿觉醒能力较差,如果不主动叫醒,也可能会一直睡下去。这时候,一定要主动叫醒宝宝吃奶。因为新生儿胃容量很小,能量储存能力也比较弱,需要不断补充营养。如果喂奶间隔过长,容易导致低血糖。

正常情况下,新生儿需要每2~3个小时喂奶一次。如果新生儿长睡4个小时还没醒来,家长就要把孩子弄醒喂奶。如果是早产儿,持续睡2个小时不醒来,就应该叫醒喂奶或者喂些白糖水。当然,如果是后半夜,只要宝宝连续睡眠时间不超过6小时,就不必把熟睡的宝宝叫醒。

有的新手妈妈会觉得上面的说法还是过于笼统,不好掌握。没关系,妈妈在给喂奶时遵循下面两个原则,基本就不会误了宝宝吃奶了。

(1)母乳喂养的,宝宝饿了就喂,妈妈奶胀了就喂,原则上没有时间限制。混合喂养或人工喂养的婴儿,应3~4小时喂一次。如果到了喂奶时间,宝宝不吃,不要强迫,过一会儿再喂。如果还没到喂奶时间,宝宝就哭了,而喂奶就不哭了,就不必等时间。假如宝宝长时间不吃奶仍然不好好吃奶,就要查看宝宝是否有其他异

常情况，是否患病，必要的时候要去就医。

（2）白天多喂，晚间少喂。新生儿出生的第1周，白天晚上喂奶的时间间隔相同。此后，夜间喂奶的时间间隔要逐渐拉长，让宝宝睡好觉。同时，午间也要适当拉长喂奶间隔时间，空出午休时间。

以下是常见的新生儿喂奶时间安排，各位妈妈可以参考，但不必机械照搬，要根据自己宝宝的具体情况而定。

出生第1周：以凌晨2点为第一次算起，每隔2小时喂奶一次，即02：00、04：00、06：00、08：00、10：00、12：00、14：00、16：00、18：00、20：00、22：00、24：00各喂一次奶。

出生第2周：以凌晨3点为第一次计算，每隔2小时一次，但晚间喂奶间隔拉长，即3：00、5：00、7：00、9：00、11：00、13：00、15：00、17：00、19：00、21：00、23：00各喂一次。

出生第3周起，午间要空出午休时间，首、末的时间都相对拉长，参考安排如下：4：00、6：30、8：30、10：30、12：30、15：00、17：00、19：00、21：00、23：30。

出生第4周与第3周相同。

以后，随着月龄的增长，每个婴儿都会逐渐形成自己的饮食规律，妈妈要注意观察。

值得注意的是，有些宝宝的睡眠时间很短，甚至几十分钟就醒来哭闹。那么，是不是宝宝一醒就应该喂奶呢？不是。如果这种情况只是偶尔发生一两次，可以用喂奶的方法解决；如果很频繁，就要考虑宝宝是不是有其他问题，比如妈妈的奶水是否不足，宝宝是否消化不良，睡眠环境是否不好，宝宝身体是否不适，等等。总之，宝宝哭闹并不都是饥饿的信号，还可能有别的原因，要注意区别。

从第2个月起,就要开始培养宝宝晚上少吃奶的习惯

要问妈妈们最盼望的事有哪些?"让宝宝能够晚上少吃奶,多睡一会儿,同时还不影响身体发育"这一件肯定高居榜首。要想实现这个愿望,妈妈就要趁早培养宝宝晚上少吃奶的习惯。

前面提到,新生儿胃容量很小,能量储存能力也比较弱,需要不断补充营养,因此,新生儿白天和晚上吃奶的时间间隔差不多是一样的。随着月龄的增大,宝宝的胃容量逐渐增大,其他器官也都逐渐在完善,夜间少吃几次奶也没有关系了。此时,妈妈就要有意识地慢慢培养宝宝白天吃奶,晚上少吃直到不吃的习惯。

同样如前文所述,宝宝在出生第2周时就可以拉长晚上吃奶的时间间隔了,但是,真正系统地培养宝宝晚上少吃奶的习惯可以从第2个月开始。

小常识:宝宝喂养不当的几种现象

如何评估宝宝的喂养是否达标,营养是否充足呢?主要看孩子的平时行为,以及活动情况,重点如下。

(1)看是否疲倦嗜睡、易睡。如果宝宝有这些表现,就要考虑可能是热量摄取不足,造成血中葡萄糖浓度值太低,从而出现精力不够的症状。要注意的是,维生素A、D摄食过多也会出现疲劳、嗜睡的现象,因此,只要宝宝的摄食状态没有太过偏差,爸爸

妈妈就不要随便给宝宝补充鱼肝油等含有维生素A、D的补充品，免得弄巧成拙。

（2）注意力不集中。如果宝宝玩游戏、看卡通动画时不能集中注意力，运动时容易出现软脚现象、定向能力变差，有些宝宝还伴有食欲不振及胃口不佳的情况，有可能是缺乏维生素B群。当宝宝出现这种状况时，家长要及时矫正饮食，否则会出现恶性循环。

2～12个月的宝宝的喂奶时间安排表

为便于新手妈妈们操作，下面给出一份常见的喂奶时间安排表，妈妈们可以根据自己宝宝的情况，以及当地具体情况加以调整。

1. 第2个月宝宝的喂奶时间安排

（1）纯母乳喂养：04:30、07:00、09:30、12:00、14:30、17:00、19:30、22:00、24:30（以上均为喂奶时间）

※说明1：这个月不需要添加任何母乳以外的食物和饮品，包括水。

※说明2：由于乳汁分泌量并不恒定，宝宝吃的奶量也就有多有少，会出现宝宝上顿吃多了，这次拒绝吃奶，或者上顿吃得太少，没到预定时间就饿了的情况，因此，母乳喂养不必严格遵守时间表，要按需哺乳，只要宝宝饿了就喂。有些宝宝2个小时吃一次或4个小时不吃奶也是正常的。假如宝宝一天吃奶次数少于5次或大于10次，就要向医生咨询了。

※说明3：这个月的宝宝晚上仍要吃4次奶是正常的，可以试着后半夜停一次奶。如果不行，就每天向后延长一段时间，从几分钟

到几小时，慢慢来。

（2）混合喂养：以母乳为主，且不必固定喂奶的次数和时间。如果当天母乳充足，就补1次配方奶；当天奶水少，就补3次配方奶。

新手妈妈可能会说这样让她无法把握，不知道宝宝是否吃饱了，不知道何时该喂母乳、何时该喂配方奶。最简单的办法就是，只要宝宝饿了，就要先喂母乳，假如吃饱了，下次依然先喂母乳；如果宝宝吃母乳后仍哭闹，就补配方奶，喂饱为止。

※说明：每喂200 mL配方奶，需额外补水15 mL。

（3）人工喂养：05：00配方奶、07：30配方奶、08：30喂水、10：00配方奶、12：30配方奶、15：00配方奶、16：00喂水、17：30配方奶、20：00配方奶、23：00配方奶、02：00喂水。

※说明1：人工喂养的婴儿一定要注意补水。

※说明2：不同的宝宝，奶量也会不同，因此妈妈不可完全照搬书本上的推荐量，而是要摸索出适合自己宝宝的奶量。如果没有把握，遵循"宝宝吃就喂，宝宝不吃了就停"的原则即可。

同时，同一个宝宝有可能今天吃得多，明天吃得少，因此妈妈不可每天都用同样的奶量喂养宝宝。假如宝宝把奶瓶里的奶喝得很干净，说明配的奶量可能不足，下次多配30 mL；如果宝宝吃饱后，奶瓶里还余超过50 mL的奶，说明配多了，下次少配30 mL。依此类推。

※说明3：如果宝宝在喂水的时间没醒，不要叫醒。

2. 第3个月宝宝的喂奶时间安排

（1）纯母乳喂养：05：00、07：00、10：00、12：30、15：00、17：30、20：00、23：00（以上均为喂奶时间）。

※说明1：奶量充足的情况下，这个月的宝宝吃奶次数会比上个月减少1~2次，但是，如果妈妈的奶量没有跟上宝宝的食量，

宝宝就有可能出现比上个月吃奶次数多的情况。如果发生了这种情况，妈妈要多吃有利于乳汁分泌的食物。

※说明2：这个月的宝宝，白天间隔3～4个小时吃一次奶，晚上间隔6～7个小时吃一次都是可能的，只要宝宝吃饱了、睡得很香，就不必叫醒宝宝。假如宝宝晚上频繁醒来吃奶，体重增加不理想，说明妈妈的奶水不足，可以添加一两次配方奶。如果宝宝不吃配方奶，晚上妈妈就要多起几次喂母乳。

（2）混合喂养：喂奶时间安排与上个月相同，仍要坚持以母乳为主。

※说明1：有母乳的情况下，要坚持喂母乳。如果宝宝吃母乳后不足2小时就哭着要奶吃，或每周体重增长不足100 g，可能母乳量不足，可以添加一次配方奶，但最多不要超过150 mL，否则会影响下次母乳喂养，也会使宝宝消化不良。如果添加配方奶后，宝宝不再半夜要吃奶，体重每周增加200 g，就可以一直这样进行下去。

假如宝宝夜里醒来次数增加，而且添加一次配方奶仍无法保证体重增长，可以一天加两次或三次配方奶，但不要过量，仍要尽可能喂食母乳。

※说明2：如果宝宝吃奶次数需要减少一两次，不要减母乳，要减配方奶。

（3）人工喂养：05：00配方奶、08：00配方奶、09：00水、11：00配方奶、14：00配方奶、15：00水、17：00配方奶、20：00配方奶、21：00水、23：00配方奶。

※说明：这个月的宝宝，平均奶量会从上个月的60～90 mL/次增加到80～120 mL/次，甚至达到150 mL/次。但是，也有些宝宝比这个量多，有些则少于这个量，妈妈不必紧张，只要宝宝生长发育正常，很精神，哪怕体重只达到正常体重的最低线，甚至略低，也

是正常的。

3. 第4个月宝宝的喂奶时间安排

（1）母乳喂养：06：00、08：30、11：00、14：00、16：30、19：00、21：30、24：00（以上均为喂奶时间）。

※说明1：母乳喂养的次数没有严格的限制，按需哺乳，通常每隔3小时喂一次奶，每天喂7～9次。但是，对于母乳充足的宝宝，每间隔4个小时吃一次也是正常的。晚上可以一夜不吃或只吃一次，如果后半夜宝宝不醒，不需要叫醒宝宝喂奶。

※说明2：有些宝宝2小时吃一次奶，或者后半夜醒来吃奶，都属正常现象。对于后半夜2～3个小时就要醒来吃奶的宝宝，妈妈要尽可能拉长喂奶间隔，但要以宝宝不大哭为前提。

（2）混合喂养：时间安排上也和上个月差不多，仍以母乳为主，不要因为宝宝长大了，就多用配方奶喂养。

※说明1：每次都要先喂母乳。假如宝宝上次吃母乳，不到2个小时就饿了，这一次就喂配方奶；如果上次喂母乳，2小时以后才饿，则仍喂母乳。假如宝宝后半夜频繁醒来要吃奶，则要喂配方奶，免得影响宝宝睡眠。

※说明2：假如上次吃配方奶，下次吃母乳的时间要尽量延后，间隔可长至3小时，这样做可以让宝宝胃排空时间长一点，更加愿意吸吮母乳。

（3）人工喂养：05：00配方奶、08：30配方奶、10：00水、12：00配方奶、16：00配方奶、18：00水、20：00配方奶、23：00配方奶

※说明1：本月宝宝的奶量可达到每次120～160 mL。如果宝宝后半夜不醒，不必叫醒喂奶；假如后半夜醒来，可以喂水，如喂水后仍哭闹，可加喂一次配方奶。

※说明2：从上面的时间表可以看出，人工喂养的宝宝24小

时内要喂奶6～7次，间隔3～4小时一次。但这个时间并不是绝对的，如果宝宝到时间不饿，不可强喂，以免导致宝宝厌食。

※说明3：混合喂养和人工喂养的宝宝在这个月可能会不愿意吃配方奶，妈妈不必担心，通常一两周就正常了。

4. 第5个月宝宝的喂奶时间安排

（1）母乳喂养：05：00、08：00、11：00、14：00、17：00、20：00、23：00（以上均为喂奶时间）。

※说明1：这个月的大多数宝宝已经能够持续睡6个小时了。但有些母乳喂养的宝宝后半夜还会醒来要奶吃，属正常现象。

※说明2：如果妈妈开始上班，要事先将母乳挤出来存储。假如妈妈单位离家较近，中途可以回家哺乳，则不必挤出奶水，可以适当调整喂奶时间，保证不饿着宝宝即可。

（2）混合喂养：仍以母乳为主，不足部分由配方奶代替。至于每一次该喂母乳还是配方奶，仍以宝宝吃母乳后，再次要吃奶的时间间隔为参考，少于2小时喂配方奶，长于2小时则喂母乳。

※说明1：这个月的宝宝吃奶次数减少，每天喂5～6次。如果后半夜宝宝不醒，可以不喂，等到早晨起来再喂。

※说明2：不需要上班的妈妈，白天和前半夜尽量喂母乳，如果后半夜宝宝要奶吃，则喂配方奶，免得母子都休息不好。上班的妈妈则要事先挤出母乳，并且要以母乳喂养为主，配方奶为辅。妈妈在家中时，要尽量多喂几次母乳。

※说明3：喝配方奶后要注意补水，每喂100 mL配方奶，需喂水25 mL。

（3）人工喂养：05：00配方奶、09：00配方奶、10：00水、12：00配方奶、16：00配方奶、17：00水、19：00配方奶、23：00配方奶。

※说明1：如果宝宝后半夜不醒，不必叫醒喂奶或喂水；如果

宝宝后半夜醒了，要先喂水，假如宝宝不喝或很快又醒来哭闹，可补喂配方奶一次。

※说明2：一般来说，这个月的宝宝平均每天能喝1 000 mL的奶，平均每顿为180～200 mL。食量小的宝宝每天只能喝600～800 mL，每顿125～150 mL；食量大的宝宝则可能每顿能喝220 mL，一天的奶量超过1 000 mL，这都是正常的。

有些妈妈看自己的宝宝达不到1 000 mL这个量，就非常紧张，强迫宝宝吃，这样做是不对的。只要宝宝的奶量不低得离谱，严重影响到宝宝的生长发育，就不用担心。

5. 第6个月宝宝的喂奶时间安排

从这个月开始，宝宝正式添加辅食，同时也开始额外补水。奶与辅食的比例是8：2。

（1）母乳喂养：06：00母乳、10：00母乳、12：00辅食、14：00母乳、16：00水、18：00母乳、22：00母乳。

※说明：如果妈妈上班，且中午能回来，可将喂奶时间做如下调整：06：00母乳、09：00辅食、11：00水、12：00母乳、15：00母乳或配方奶、19：00母乳、22：00母乳。

（2）混合喂养：仍以母乳为主，不足部分以配方奶补充，在两次喂奶之间添加一次辅食。时间间隔可参考母乳喂养。喂配方奶后要记得补水。

※说明：上班妈妈在家时，喂母乳，不在家里时喂配方奶。

（3）人工喂养：06：00配方奶、08：00水、10：00配方奶、12：00辅食、14：00配方奶、16：00水、18：00配方奶、20：00水、22：00配方奶。

※说明：奶量小的宝宝可增加1～2次喂奶次数，奶量大的可减少1～2次喂奶次数。如果宝宝后半夜醒来，不吃奶就哭或不睡，妈妈要起来喂奶。

6. 第7个月宝宝的喂奶时间安排

本月奶与辅食的比例为7∶3，辅食添加次数增加到2次。

（1）母乳喂养：06∶00母乳、08∶00水、10∶00母乳、12∶00辅食、14∶00母乳、15∶00水、16∶00辅食、18∶00母乳、22∶00母乳。

※说明1：每天添加辅食2次，每天喂奶4～5次。辅食在2次喂奶之间添加，尽可能不在一大早和晚上添加辅食。如果宝宝在中午12∶00时不吃辅食，可推迟0.5～1个小时，随后的母乳也顺延。

※说明2：如果宝宝添加辅食后，母乳次数减少，可减少辅食的量。不可因为添加辅食，就刻意减少母乳的喂养次数，宝宝想吃就喂，宝宝后半夜醒来要吃奶，也要尽量喂。

※说明3：如果宝宝爱吃辅食，对吃奶兴趣降低，可适当延长辅食与奶的间隔时间。这样可以迫使宝宝少吃辅食，多喝奶，保证母乳的摄入量。

（2）混合喂养：本月添加辅食2次，在2次母乳之间添加。如果母乳特别少，可在喂母乳后2小时添加辅食，再2小时后喂配方奶。如果宝宝不喜欢喝配方奶，可推延到3小时。

※说明：添加辅食后，需要多喂50 mL的水。同时，喝配方奶后也要适当补水。

（3）人工喂养：06∶00配方奶、08∶00水、10∶00配方奶、12∶00辅食、14∶00水、18∶00配方奶、22∶00配方奶。

※说明：正常情况下，本月婴儿的每天总奶量在800 mL左右，如果全天奶量少于600 mL，可适当增加喝奶次数。同时加2次辅食，添加时机为2次配方奶之间。

7. 第8个月宝宝的喂奶时间安排

本月奶与辅食的比例是6∶4，每天添加2次辅食。

（1）母乳喂养：06∶00母乳、08∶00水、10∶00母乳、12∶00

辅食、14：00水、16：00母乳、18：00辅食、22：00母乳。

※说明1：本月每天哺乳不少于4次，辅食2次。如果宝宝后半夜醒来吃奶就要喂。

※说明2：从本月起，不再严格要求纯母乳喂养，如果妈妈上班不方便，可事先挤出母乳存储，妈妈不在家时，可以给宝宝喂配方奶。

（2）混合喂养：喂食时间基本同母乳喂养，争取4个小时喂1次母乳，如果因添加辅食而使奶量减少，不减母乳，减配方奶。

※说明：上班的妈妈在家就尽量喂母乳，不在家时，宝宝喝配方奶。平时有母乳就喂母乳，没有就喂配方奶，不必过于苛刻。为避免宝宝半夜被饿醒，睡前喂配方奶。如果宝宝后半夜醒来要吃奶，最好喂配方奶，有利于纠正宝宝半夜吃奶的习惯。

（3）人工喂养：06：00配方奶、08：00水、10：00配方奶、12：00辅食、14：00水、16：00辅食、18：00配方奶、22：00配方奶。

※说明：每天喂奶次数不可少于3次，每次200 mL以上。这个月比较理想的奶量是每天600～800 mL，有些宝宝超过800 mL，只要体重没超标就属于正常，否则就要适当控制奶量。有些宝宝少于500 mL，只要体重增长正常，精神好，就没问题，否则就要看医生。

8. 第9个月宝宝的喂奶时间安排

本月的奶与辅食的比例是5：5，每天添加2次辅食。

（1）母乳喂养：06：00母乳、08：00水、09：00水果、10：00母乳、12：00辅食、14：00母乳、15：30水果、16：00水、17：30辅食、20：00母乳。

※说明1：纯母乳喂仍是按需哺乳，每天哺乳4次。

※说明2：此时母乳喂养的重要性逐渐减弱，乳汁分泌量渐

少。妈妈不要急着改喂配方奶，因为母乳对婴儿期的宝宝仍是最佳食品。

※说明3：妈妈不必为了给宝宝断奶而严格限制母乳喂养，只要有母乳，且不影响宝宝吃辅食，以及宝宝睡眠，就不必严格限制喂奶次数。

※说明4：从这个月起，要注意减少婴儿对妈妈乳头的依恋，如非需要，夜里不要喂母乳。有些宝宝后半夜会醒来吃奶，如果醒来次数超过3次，说明母乳不足，可以喂配方奶，不吃，再喂母乳。

※说明5：喂辅食后2小时内，即使宝宝有吃奶的要求，也尽量不要让宝宝吸吮乳头。

（2）混合喂养：同母乳喂养的时间。原则不变，以母乳为主，不足部分由配方奶补充。

（3）人工喂养：06：00配方奶、08：00水、08：30水果、10：00配方奶、12：00辅食、15：00水、16：00辅食、17：00水、18：00水果、20：00配方奶、21：00睡觉。

※说明1：本月的最佳奶量为600～800 mL。对于不爱吃配方奶的宝宝，可增加喂奶次数，以达到总奶量的需求。

※说明2：对拒绝喝配方奶的宝宝，可以在宝宝喜欢吃的辅食中添加少量配方奶粉，也可提供其他奶制品，如奶酪、酸奶、牛初乳，等等。

9. 第10个月宝宝的喂奶时间安排

本月奶与辅食的比例是4∶6，仍要保证奶量，辅食每天2次，接近成人午餐和晚餐的时间。

（1）母乳喂养：06：00母乳、09：00母乳、09：30水、10：30水果、11：00喝水、12：00辅食、15：00母乳、15：30水、16：30水果、18：00辅食、20：30母乳。

※说明：每天喂奶4次，有些宝宝仍会半夜醒来吃奶，这时喂母乳即可。

（2）混合喂养：时间安排同母乳喂养，在吃奶时间，有母乳尽量喂母乳，没有母乳就喂配方奶。

（3）人工喂养：06：00配方奶、08：00水果、10：00辅食、10：30水、14：00配方奶、14：30水、15：30水果、16：00水、17：30辅食、19：00水、20：30配方奶。

※说明：本月最佳奶量为600～800 mL。如果一天喂3次配方奶，总奶量达不到500 mL，可在加水果时间段喂奶酪25 g或酸奶125 mL。一次喝奶量在150 mL以下的宝宝，可多喂1次，以保证总奶量。1次奶量大于250 mL的宝宝则要少喂1次。

10. 第11个月宝宝的喂奶时间安排

本月奶与辅食比例为3：7，每日2次辅食，不可忽视奶的摄入。

（1）母乳喂养：06：00母乳、09：00母乳、10：30水果、11：00水、12：00辅食、15：00母乳、15：30水、16：30水果、18：00辅食、21：00母乳。

※说明：每天喂奶4次。如果宝宝在21：00以前就困了，可不用喂奶，等到22：00，妈妈睡前喂一次。总之，要根据宝宝的具体情况，合理安排睡眠和进食时间。

（2）混合喂养：有母乳喂母乳，没母乳喂配方奶，最好睡前喂配方奶，使宝宝安稳睡整晚。

※说明：如果宝宝每天喝配方奶600 mL以上，提示母乳的量已经很少了，但不可断了，因为母乳还具备安慰宝宝的作用。

（3）人工喂养：06：00配方奶、08：00水果、09：00水、10：00辅食、14：30配方奶、16：00辅食、17：00水、18：00水果、20：00配方奶。

※说明：本月宝宝的总奶量不应少于600 mL。如果宝宝一次

喝得很少，就多喂几次，以保证总奶量。对于不喜欢喝配方奶的宝宝，可加喂奶酪25 g或酸奶125 mL。如果宝宝晚上仍醒来喝奶，白天可减少喝奶次数，增加1次辅食。

11. 第12个月宝宝的喂奶时间安排

奶与辅食比例为2∶8，辅食每天3次，接近一日三餐。

（1）母乳喂养：06∶00母乳、08∶00辅食、09∶00水、10∶30水果、12∶00辅食、14∶30水、16∶00母乳、16∶30水、17∶00水果、18∶00辅食、20∶30母乳。

※说明：每天仍要喂奶3次。母乳与辅食的间隔时间要短一些，为2小时左右；辅食与母乳间隔时间长一些，为4小时左右。原因是，液体易消化，而辅食则要有足够的时间消化，以免积食。

（2）混合喂养：与母乳喂养相似，有母乳喂母乳，没母乳喂配方奶。此时，母乳已很少，多起安慰宝宝心理的作用。

（3）配方奶喂养：06∶00、配方奶、09∶00辅食、09∶30水、10∶30水果、11∶00水、12∶00辅食、15∶00配方奶、15∶30水、18∶00辅食、20∶30配方奶。

※说明：每天喂奶2～3次，总奶量要达到600 mL。对于奶量不足500 mL的宝宝，可以添加奶酪、酸奶、牛初乳等奶制品。

12. 13个月及以后的宝宝的喂奶安排

1周岁以后，宝宝进入离乳期，乳类不再是主食。但这并不意味着断奶，每天供给宝宝的奶或奶制品不应少于350 mL。如果母乳很充足（约每天有600 mL的量），可以继续作为乳品喂到2岁；如果母乳不足或断母乳后，应继续喝幼儿配方奶，并且养成终身喝奶的习惯。

判断人工喂养的婴儿是否缺水有窍门

有妈妈问：我家宝宝纯人工喂养，大概每隔3个小时喂一次奶，是喝完奶后1.5小时喂水，还是2.5小时喂水？有时候宝宝一睡就是3小时，一醒就要吃奶，在她熟睡中是不是要强行喂水？有时候，喂完水10分钟又饿了，不知道是继续饿着，还是立刻喂奶？

妈妈们都知道，喂配方奶的宝宝必须补充适量的水，否则容易上火。可是，有不少新手妈妈像上面这位妈妈一样，不知道如何具体操作。下面我就来解释一下。

1. 喂水时间和喂水量

（1）喂水应该放在两次吃奶之间，一般在喂奶后1~2个小时喂即可，如果宝宝不渴，也不要强喂。

（2）宝宝吃奶前不要喂水，以免影响吃奶量。比如案例中的宝宝，如果在吃奶前10分钟没有强烈要求喝水，就不必喂水。晚上临睡前也不要喂水，以免尿量过多而影响睡眠。孩子熟睡时更不可叫醒了喂水，以免影响睡眠质量。

（3）一般来说，一两个月的宝宝，一次喂水15~30 mL就够了，三四个月的宝宝一次喂水40 mL左右，4个月以上每次可以喂到50~100 mL。夏天应适当增加水量，感冒、发烧及呕吐或腹泻脱水时更应频繁饮水。具体来说，可以按照宝宝的体重来计算，即每公斤体重每天应补150mL水，这是指除去冲调奶粉的水量。如体重4 kg的宝宝，总喝水量为4×150（mL）=600 mL，假如冲调奶粉用水量为400 mL，则宝宝每天的总喝水量为600 mL-400 mL=200 mL。

2. 如何判断是否要给宝宝喂水

（1）通过宝宝的尿液进行判断。如果尿液偏少或较黄，就需要补水。如果尿液透明或微黄，则说明宝宝不缺水，不必单独补水，因奶中本身就含大量水，不是纯水才算水。

（2）假如宝宝哭闹，要判断他是要喝水，还是要喝奶，可先用奶头试，然后换水头，或反过来，多试试就知道了。

（3）可以看宝宝的身体外观。如果宝宝缺水较严重，会出现相应的体征，如前囟门凹陷、眼球凹陷、唇干、手干、皮肤张力减退（比如大腿内侧皮肤发皱或皮肤容易被手拉起）。当然，这个只是主观标准，妈妈们要尽可能客观，不要草木皆兵。

（4）妈妈们还要知道宝宝明显脱水的表现，如精神恍惚、注意力不集中、四肢冰冷、嗜睡、心跳变快或呼吸较急促，此时应当急速就医诊治。

白开水是最好的饮料，不要随便让宝宝喝白糖水

白开水是婴儿最好的饮料，特别是人工喂养或混合喂养的宝宝必须摄入白开水。我们所说的给宝宝补水就是指补白开水。

由于白开水没有味道，因此宝宝不会一下子就接受，即使肯尝试，也不会多喝。有些妈妈为了让宝宝多喝水，就喂白糖水，或者兑了果汁的白开水，这样对培养孩子养成喝水的习惯作用并不大，一旦宝宝喝了甜味的饮品，反而会更加排斥无味的白开水。而且糖类容易使宝宝腹泻。因此，只要宝宝肯喝开水，就喂

温开水。如果宝宝没有便秘，可以适当喝淡葡萄糖水，但不能代替白开水。

许多宝宝尝过白糖水、果汁，以及其他甜味饮料的味道以后，就不肯喝白开水了，而且妈妈越强迫，宝宝越抗拒。遇到这种情况时，不妨试试下面几个简单的方法，慢慢诱导宝宝习惯喝白开水。

（1）每次喂奶或辅食后，让宝宝喝一两口水漱口，此时宝宝会比较容易接受白开水。切记不要喝太多。

（2）以游戏的方式让宝宝爱上喝水。比如让宝宝与妈妈干杯，家人一起与宝宝比赛喝水等，在愉快的气氛中引导宝宝喝水。

（3）用有趣的水杯吸引宝宝喝水。比如用几个颜色鲜艳、图案漂亮的杯子轮流着喂水，宝宝对杯子有兴趣，就更容易喝下白开水。

（4）选择宝宝最容易配合喝水的时机。一般来说，宝宝刚睡醒或者投入地玩耍时喂水往往很配合。

（5）让别的孩子带动。小孩子喜欢有样学样，尤其是容易受同龄人的影响。带宝宝户外活动时，可以在别的宝宝喝水时，适时地喂自己的宝宝喝水。

（6）家人以身作则，在宝宝面前只喝水，不喝其他饮料，给宝宝营造一个喝水的氛围。

需要提醒新手爸妈的是，培养宝宝喝白开水的习惯是个循序渐进的过程，不要着急。每次宝宝喝完果汁等甜味饮品以后，应喂几口水漱口，让宝宝习惯白开水。

糖糖妈育儿笔记

糖糖从小喝的都是白开水,直到2岁后才在过年过节的聚餐上看到纯果汁,可以喝一杯。一直到现在上了幼儿园,糖糖都没有尝过超市里售卖的瓶装饮料,只是在白开水的基础上,偶尔喝一盒乳制品,算是调配一下口味。

第五章
添加辅食，这些知识要知道

相比于纯乳期，离乳期如何添加辅食更加复杂，新手爸妈难免会进入喂养误区。假如不能及时从喂养误区走出来，会直接影响宝宝的健康成长。

添加辅食阶段意义重大，1岁定终身

通常从宝宝4~6个月时开始添加辅食，1岁时进入尾声，此阶段也称离乳期。在离乳期内，宝宝的营养摄取途径从纯乳类发展到乳类与辅食并重。离乳期结束后，宝宝的饮食结构从哺乳期进入杂食阶段。

离乳期对孩子以后的成长发育至关重要，可以说是"1岁定终身"，这有两个方面的意思。

（1）1岁以前是婴儿的各个器官快速成长发育的时期，对营养物质的需求尤其迫切，这就要求科学地搭配辅食及乳类，各种必需的营养都要能跟得上。虽然良好的营养未必能造就天才儿童，但营养不良肯定会影响宝宝的智力与体力发育。以铁质为例，如果婴儿期铁质摄取不足，除了会造成缺铁性贫血外，还会影响宝宝日后的学习能力，而铁质摄取的关键时期是在2岁以前。

（2）宝宝在离乳期养成的饮食习惯将决定其日后的饮食倾向。很多偏食、过瘦或过胖，以及便秘的孩子，都是由于没有在饮食过渡阶段养成良好的饮食习惯而造成的。

为宝宝添加辅食是让宝宝接触乳类食品之外的食物的第一步，也是培养宝宝良好饮食习惯的最佳时机，各位父母们千万不要认为不重要。

由于婴儿的饮食完全由大人来支配，无论是食物的选择，还是喜好，都深受家长的影响。因此，家长在喂养宝宝时，要特别注意各种营养物质的摄取，同时也要有意识地培养宝宝独立进食的能力和餐桌礼仪。

何时添加辅食，要看宝宝的表现，不要照本宣科

从理论上说，虽然婴儿4~6个月时就可以添加辅食了，但是，这并不意味着所有的宝宝都必须从同一个月、同一天开始尝试辅食。只要宝宝的月龄没有超过6个月，家长不必自作主张急着添加辅食，而是应该等着宝宝告诉你什么时候该吃辅食了。这是因为对于能够吃到质优量足的母乳，且身高体重的增加都很健康的足月宝宝，母乳在6个月以前都是他们最完美的食物。如果在宝宝的肠胃还没有做好准备的情况下就添加辅食，宝宝反而会因为无法适应那些复杂的食物而引发消化不良及过敏反应。

那么，如何知道宝宝可以添加辅食了呢？可以观察4~6个月的宝宝是否出现下列表现，如果有，那就是在向爸爸妈妈发出信号：可以给我添加辅食了！

宝宝的吞咽功能完善，挺舌反射消失，即当宝宝准备接受辅食时，舌头及嘴部肌肉将发展至可将舌头上的食物往嘴巴后面送，一起来完成咀嚼的动作，而不会总将送到舌头上的食物都往外吐。

宝宝稍加扶持便可坐稳，头颈部肌肉的发育已经完善，可以自主挺直脖子。

快半岁大的宝宝，常常在抓到任何东西后就往嘴里送。

宝宝对大人进食非常感兴趣，会盯着家人进食，有时候会伸出手抓取大人正要吃的食物。

宝宝会对食物表现出兴趣，并且有伸手拿取的动作。

宝宝唾液的分泌量比以前多，有时候会闭着嘴做咀嚼状。

宝宝喝奶时不太专心，且喝奶的时间延长。

宝宝饿得很快，即便吃了足量的母乳或增加了喂奶的次数，也无法满足他这种饥饿的需求。

只喂母乳的宝宝，近一两个月身高、体重的增长都不太好，生长曲线过于平缓，不能达到正常标准。

宝宝连续几天哭闹或表现得烦躁，但吃喝睡玩、大小便，以及精神状态都正常，完全没有生病的迹象。

1岁以前的婴儿仍以乳类为主食，但不可偏废辅食

小津已是2岁的小女孩，但体重只有9 kg，身高84 cm，头围48 cm，脸色苍白，眼神有些呆滞，语言发展也较慢，很明显有贫血和体重不足的情况，神经发展也略为迟缓。妈妈说小津从小就吃不多，除了牛奶以外，什么都不想吃，小津到1岁后，家长才给她添加固体食物辅食，她的体重从6个月后就没有明显增加，后来经检验确定为缺铁性贫血。小津在服用铁剂治疗及营养指导后，体重才有明显增加。

这是一例典型的由于辅食添加不当造成的器质性生长迟缓的案例，所幸早期找到了原因并加以治疗，才不至于造成太严重的后遗症。

像小津的家长一样，有许多家长对于添加辅食存有错误的观念，以为对于1岁以内的婴儿，只要吃足够的母乳或配方奶粉，营养就够了。于是，在宝宝的成长过程中，不重视添加辅食，只是从婴儿奶粉换成较大婴儿奶粉，然后是成长奶粉。

事实上，无论是母乳，还是配方奶，其所含的营养都无法满足6个月以后的宝宝的成长需要，如果不及时添加辅食，便会导致宝宝热量、蛋白质和微量元素等缺乏，影响消化功能的正常发育，造成营养不良、贫血、缺铁和缺锌等症状，还会使宝宝错过咀嚼和吞咽能力的培养时机，影响宝宝颌骨及面部肌肉的发育，以及乳牙的萌出。因此，要提醒家长们，不要晚于6个月给宝宝添加辅食。

但是，添加辅食并不代表宝宝不再需要喝母乳或配方奶。一般情况下，在离乳期内，也就是1岁以前，母乳或者配方奶仍是宝宝的主食，是热量与营养的主要来源。

一般来说，婴儿喂养保持下面的节奏是正常的。

4~6个月以前，母乳或配方奶（注意：不是鲜牛奶）是主食。

4~6个月以后，宝宝的消化功能已经成熟，通常在第6个月时会长出第一颗牙齿，此时，在喝奶的同时，开始逐步添加奶以外的辅食。此阶段，每天的总奶量维持在600~1 000 mL（有些宝宝达不到这个量），不必再增加，辅食量则逐渐增加，以补充营养和热量。

1周岁以后，离乳期结束，幼儿可以和大人一起在餐桌上吃饭了，此时可以把奶类当作点心，早晚喂一次即可，而不再是主食。

过敏体质的宝宝和早产儿不可添加辅食过早

健康的宝宝在4个月时就可以添加辅食了，但是，有两种宝宝是例外。

（1）对于有过敏家族史、属于过敏体质或已经出现过敏症状的宝宝，满6个月之后再给予辅食较为恰当，以免诱发或强化宝宝的过敏体质。另外，若宝宝存在代谢异常或其他先天性疾病，也应该去咨询医生，看是否需要延后给予辅食。

食物过敏的常见症状有皮肤泛红、发痒、鼻塞、气喘、流眼泪、呕吐、腹泻，等等。对有过敏家族史或本身已有明显过敏症状的宝宝来说，添加辅食后也应尽可能避开易诱发过敏的食物。下面简单列出了容易诱发过敏和较不易诱发过敏的食物，以供妈妈们参考。妈妈最好等宝宝1岁之后，再让宝宝试着吃容易诱发过敏的食物。

容易诱发过敏的食物：大豆制品、豆类、扁豆、小麦、玉米、番茄、草莓、柑橘类、花生酱、坚果类、芝麻酱、牛奶、奶酪、鸡蛋、乳制品。

较不易诱发过敏的食物：山药、地瓜、南瓜、胡萝卜、马铃薯、甜菜、青花菜、梨子、煮桃子、米粉、小米、粟谷。

（2）早产儿添加辅食的时间也是4~6个月，但必须以矫正后的月龄来算，而非从出生后算起。因为早产儿的体内器官功能成熟度并没有达到出生月龄的水平，而是只有矫正月龄的水平，所以饮食方面不能像正常婴儿那样处理。所谓"矫正月龄"，是指出生后的月数扣除早产的月数。例如，现在宝宝6个月大，早产2个月，则其矫正月龄为4个月。此时宝宝体内的器官功能成熟度与足月出生的4个月宝宝相当，饮食方面亦大致与4个月的宝宝相同。

辅食要慢慢地替代奶，不可操之过急

许多新手妈妈在准备给宝宝添加辅食时，发现不知道如何下手。先喂奶，还是先喂辅食？每天喂几次？喂什么？一个个问题让新手妈妈们手足无措。

为了让宝宝能够顺利接受辅食，妈妈们在给宝宝添加辅食时，应该遵循下面两个规律。

（1）先喂奶，再喂辅食。有些宝宝可能一开始会拒绝新食物，若在宝宝吃完奶后，再喂辅食，很难吸引他吃。但如果在宝宝肚子饿的时候先喂一点辅食，然后喂奶，宝宝接受起来要容易得多。

（2）从取代一餐喝奶开始，慢慢增加次数。刚开始添加辅食时不要心急，可以先将一餐奶改为辅食，然后再增加为两餐、三餐。至于辅食要取代母乳或配方奶的程度，要看宝宝接受辅食的状况。一般来说，1岁以前的宝宝，奶类仍是主食；1岁左右时，宝宝能吃的食物种类几乎已经与成人相同，如果此时宝宝的接受度很好，辅食就可成为主食，而奶就转为辅食了。

※具体的辅食添加时间和次数安排可参考第四章《从第2个月起，就要开始培养宝宝晚上少吃奶的习惯》一节。

添加辅食要有章法，不可随心所欲

添加辅食是帮助婴儿从纯乳到离乳的过渡过程。每个月该添加什么辅食并非随便决定的，而是要按照月龄和实际需要，按照从一种到多种，从少量到多量，从稀到稠，从细到粗，从软到硬，从泥到碎的规律，逐步适应婴儿消化、吞咽、咀嚼能力的过程。

具体来说，给宝宝添加辅食时要遵守以下几个原则。

（1）从婴儿最容易吸收、接受的食物开始。在这个原则之下，建议食物添加顺序先是水果蔬菜，然后是糖类食物（例如，米、麦、马铃薯等），最后才是蛋白质与油脂类食物，而肉类、蛋等食物应晚点再给宝宝吃。具体添加情况参见下一节。

（2）要一种一种地添加新食物。一种一种添加辅食可以有效发现使宝宝过敏或不适的食物。每添加一种新的辅食后，要注意观察宝宝的皮肤和大便情况。如果皮肤出现红肿、湿疹、腹泻等情况，应停止添加这种辅食，并带宝宝去看医生，以确定过敏原。此外，如宝宝大便不正常，也应暂停添加这种辅食，待其大便正常、无消化不良症状后，再逐渐添加，但量要小。

需要注意的是，如果宝宝的家族有过敏史，增加辅食种类的速度应放慢，两种食物的添加间隔时间最好在一个星期以上，以便确定哪种食物会致宝宝过敏。如果宝宝没有出现任何不适，再逐渐加量，等到其适应后，再新添另一种食物。

※**假如宝宝拒绝吃某种离乳食品，妈妈要尊重宝宝的感受，不要强迫。可以更换另一种新的离乳食品，也可以继续吃已经适应的离乳食品，一个星期以后，再试着喂宝宝曾拒绝的离乳食品。**

（3）添加的量要由少到多。如3个月时添加蛋黄，开始时是蚕豆大小，3～4天后，如果宝宝没有出现消化功能紊乱，可增添至1/4个，以后每周增加1/4个，满4个月时可增加到1个。

（4）浓度由稀渐浓，由细到粗，从软到硬，由泥到碎。辅食的浓度应遵守如下顺序：流质（果汁、蔬菜汁、汤汁）→半流质（稀糊状→糊状→稠糊状）→半固体（泥状）→固体食物。另外，当宝宝开始吃辅食时，也可同时让宝宝喝水，原则也是从少量开始，慢慢让宝宝习惯喝水。

小常识：添加辅食的两个特殊情况

假如宝宝到了该添加离乳食品的月龄时恰好赶上夏季，此时宝宝的消化能力降低，添加辅食要格外慎重，如果不是非加不可，可以等到天气凉爽些再添加。

宝宝生病时，不要添加宝宝从来没有吃过的离乳食品。

添加辅食分四个阶段，每个阶段的目标不同，食物也不同

婴儿添加离乳食品可以分为四个阶段：辅食添加前期（2~3个月，此时不算在离乳期内，但已经开始添加奶辅食），辅食添加初期（4~6个月），辅食添加中期（7~9个月），辅食添加末期（10~12个月），同时，随着辅食添加过程的深入，食物的营养、品种、数量也逐渐不同。

上一节主要介绍了辅食添加的章法：由少到多，由流质到固体。这一节就重点讲讲每个阶段的辅食有什么要求。

2~3个月：此阶段的宝宝除吃奶以外，还要注意补充维生素A、C、D，特别是吃奶粉的宝宝，很容易缺乏维生素C，应加喂新鲜的果汁、蔬菜汁、米汤等，同时可根据具体情况适量添加鱼肝油，以补充维生素A、D。

不到4个月的婴儿对淀粉的消化能力弱，不可急于添加米粉等谷物类淀粉食物。

4~6个月（辅食添加初期）：此时宝宝正式进入离乳期，当发现婴儿对奶以外的食物开始感兴趣了，就可着手添加辅食。此阶段的辅食添加要注意以下4个问题。

（1）婴儿的小肠还不能吸收完整的大分子蛋白质，不可吃肉、鱼、豆腐、蛋等食物，以防过敏；不可吃蜂蜜，防止肉毒杆菌中毒。

（2）4个月的宝宝从母体内得到的铁质快消耗完了，因此，此阶段的婴儿要注意补铁，以防缺铁性贫血。本阶段应适当加喂

蛋黄。

（3）这个阶段的辅食从流质过渡到半流质，第一个月可先喂蔬菜汤或稀释的果汁，每天1~2次，每次1~2茶匙。5~6个月时可以添加半流质，包括米汤、米糊，也可以增加些蔬菜泥。要注意的是，因为小麦容易导致过敏，所以要先喂米糊，再尝试麦糊。

（4）辅食要在奶前喂食，防止婴儿吃饱了不吃辅食；蔬菜汁要在水果汁之前喂，防止宝宝吃了甜的果汁后，不吃蔬菜汁了。

7~9个月（辅食添加中期）：此阶段的宝宝开始长牙，能吃的东西越来越多，食量也越来越大，相应地，添加的辅食种类和数量都要增加，这样才能保证宝宝有均衡的营养。此阶段可以一天喂两次辅食，并且鼓励宝宝自己进食，逐渐做好断奶的准备。

7~8个月的宝宝，辅食中谷物、果蔬、蛋肉的比例为50%、30%、20%，性状除了菜汤、果汁等流质食物外，还要添加能用舌头搅碎的食物，如水果泥、稀饭、面条，以及可用手拿的固体食物，如香蕉、磨牙饼干、烤馒头片等，以锻炼宝宝牙齿的咀嚼能力，促进牙齿发育。

9个月的宝宝，辅食以泥糊状、颗粒状为主。除了前面的食物外，开始添加肉、鱼、豆腐泥、豆浆等辅食，以供应蛋白质。

此阶段的宝宝要注意补充维生素C，尤其是素食宝宝，由于植物性来源的铁质吸收率较低，因此在餐后一定要补充富含维生素C的水果，以促进铁质的吸收。

10~12个月（辅食添加末期）：这个时期的宝宝已经进入模仿大人的阶段，家人可以和宝宝一起吃饭，并示范给宝宝看。家长要在这个阶段培养宝宝的饮食习惯，避免偏食。若宝宝有不爱吃的东西或进食量有所改变，则可换个口味，下次再尝试，千万不要勉强喂食，以免造成相反的效果。

10个月时，每天的单一食品数量可达到10~15种。以半固体食物为主,尝试添加软固体食物。

11个月时,每天单一食品数量15种左右,可尝试添加固体食物。

12个月时,每天单一食品15种以上,谷物、肉蛋、蔬菜、水果各占1/4。

辅食制作的原则

有妈妈问,辅食是自己做好,还是买现成的好?家长可以购买市场上现成的果泥和肉泥作为婴儿辅食,也可以自己做。如果是自己做辅食,要事先知道各种食物的营养成分,注意营养搭配,比如要知道,米糊提供热量,肉、鱼、豆腐提供蛋白质,猪肝、血豆腐补充铁和锌,蔬菜泥、水果泥富含维生素和纤维素,等等。

无论是购买成品,还是自己做,家长在给宝宝准备辅食时都要遵循以下原则。

(1)食物要天然、新鲜,并且要煮熟,以免引起宝宝感染或过敏。需要注意的是,切不可让宝宝吃成人罐头食品。在购买婴儿辅食时,家长要注意以下事项。

选择较有知名度、有质量保证的产品;必须有卫生主管机关的认证。

产品包装完整,没有过期;尽可能选择不含人工色素、香料、防腐剂或黏稠剂,以及盐、糖等调味料辅食。

仔细阅读产品说明,确定产品适合宝宝的年龄段食用。

(2)以自然原味为主,尽量不需要添加调味料,如盐、酱油。这是因为宝宝的味觉细胞很敏感,调味料会让宝宝习惯吃重口味食物。同时，这时的宝宝正处于味觉探索时期，原汁原味的食物可以帮助宝宝建立良好的饮食习惯，调料则容易麻痹宝宝的味觉，还会增加宝宝肾脏的负担。

（3）避免重口味与刺激性的食物。家长切不可用大人的口味去衡量宝宝的喜好。辣椒、姜、胡椒、芥末等口感刺激的食物会刺激宝宝的胃肠道，都不适合用来制作宝宝的辅食。另外，腌制物、蜜饯等太咸、太甜的食物含有大量的盐与糖，营养价值远不如新鲜食物，也不可作辅食。

制作、食用辅食的过程要格外注意卫生，否则宝宝很容易感染细菌。

烹调后的食物不能放在室温中太久，以免腐坏变质。

糖糖妈育儿笔记

糖糖4个月开始添加米汤、米粥，然后是菜泥、果泥，6个月后才开始添加蛋黄、鸡蛋羹，最后是肉类。1岁后吃的食物更加丰富。辅食的原材料绝对是新鲜的，基本上没有二次加工的食材，更没有半加工品。给糖糖吃的鸡蛋都是我和糖糖爸去偏僻的农村一个个地收上来的。为了让糖糖吃到没有农药的菜，我们特意到农村租了块地种菜。看到朋友家的宝宝吃肉松，因为担心肉质不好、添加剂太多，所以我就自己查资料学做肉松。糖糖满2岁后逐渐和家人一起吃饭，这时对于食材的控制才放宽松了些。这里提醒新手爸妈们，给宝贝做的辅食尽可能地选择原生的新鲜食材，避免使用含有添加剂的合成食材。

宝宝忽然拒绝辅食，把对"脉"才能解决问题

有个宝宝，辅食添加一直很顺利，什么都吃，可是，9个月的时候忽然拒绝吃离乳食品，只吃母乳了。妈妈的母乳不够吃，于是想尽办法让孩子吃辅食，不想宝宝宁愿饿着也不吃辅食，体重两个月都没有什么变化。妈妈非常着急，却又无计可施。

添加辅食困难的婴儿并不少见，相对来说，人工喂养和混合喂养的宝宝比较容易添加离乳食品，母乳喂养的宝宝则更容易出现排斥离乳食品的情况。一般来说，多数宝宝在开始时会排斥辅食，一旦过了排斥期，添加辅食就很顺利了。也有一些宝宝本来添加辅食很顺利，却突然不吃了。

我在门诊工作中，常会遇到这样的妈妈，她们为了添加离乳食品而费尽心机，不断向医生讨教添加离乳食品的技巧。有的妈妈甚至和宝宝较劲，不吃离乳食品，就不给吃奶，这是完全错误的。

事实上，有的宝宝除了母乳什么也不吃，可能并不是对离乳食品不感兴趣，而是因为一些其他因素影响了宝宝对离乳食品的兴趣。常见的原因大致有如下几种。

缺铁、锌等元素，导致食欲不振。若是宝宝长期不愿意吃饭，很可能是缺少某种营养素，要带孩子去医院进行详细的检查，并在医生的指导下合理补充营养。如果厌食长期得不到改善，对宝宝的身体会造成严重损害，可导致严重的营养不良，孩子生长发育迟缓，免疫功能下降。

妈妈的奶水太充足，或喂的配方奶太多了，宝宝吃不下辅食。

喂完奶后不长时间就喂辅食，宝宝没有食欲。

不喜欢餐具，比如，用喂过苦药的奶瓶、小勺、小杯、小碗等喂辅食，宝宝有不良记忆，会拒绝使用。

食物品种或花样太单调，引不起宝宝的兴趣。

食物太刺激，如辣、酸、咸，或食物块太大，纤维太粗，让宝宝吞咽困难，或不好消化。

营养过剩，表现为妈妈提供太多的食物。

营养素补充过多过早，宝宝肠胃和肝肾负担过重，拒绝吃更多的食物来加重早已超负荷的肠胃。

辅食消毒不严，或者加热不到位等原因，让宝宝吃了肚子不舒服。

吃了不适合月龄的食物。婴儿的肠胃处在不断发育的过程中，如果不按月龄添加辅食，很容易造成消化不良、积食等症状。比如宝宝还不能消化谷物就提前喂食，这样肚子就会总是胀胀的，影响进食。

吃辅食比吃奶费力，宝宝避重就轻。此时应该拉长喂奶与喂辅食的时间间隔，让宝宝在比较饿的情况下吃辅食，就比较容易喂食了。

有不愉快的吃辅食经验，比如强迫喂食，或者喂辅食的时机和方法不对，给宝宝留下不愉快的经历。

让宝宝感觉到"吃辅食的待遇不如吃奶的好"。有些妈妈抱着宝宝喂奶，喂辅食时却让宝宝坐着；或者喂奶时由妈妈抱着，喂辅食则让其他人抱着。这样做会让宝宝认为"还是吃奶的待遇好"，从而抗拒辅食。

家中气氛不好。宝宝相当敏感，心情不好、环境因素不好都会影响宝宝进食。比如父母吵架了、自己被训斥了，或者边吃边玩，都会影响宝宝的食欲。

天气太热、穿得太多，也会影响宝宝食欲。

当宝宝抗拒辅食时,妈妈要仔细观察,找到相应的原因,并加以解决。假如只因妈妈奶水充足,宝宝根本吃不进其他食物,只要适当给宝宝添加含铁丰富的离乳食品,不必添加更多的离乳食品了。还有些宝宝这个月不愿吃离乳食品,也许到了下个月就吃得很痛快了。因此,对于不愿吃离乳食品的宝宝,暂时就不加离乳食品了,顺其自然即可。

有些妈妈担心,宝宝会不会因为一直不吃离乳食品而断不了母乳?大可不必有这种担心,宝宝吃离乳食品只是早晚问题,总有一天,宝宝会很高兴地吃离乳食品的。添加离乳食品晚了些时日,宝宝也不见得就营养不良。等奶水不能满足宝宝生长发育的需要了,宝宝自会吃母乳以外的食物。

婴儿大便有奶瓣,不可停加辅食

有一位新手妈妈忧心忡忡地问我:宝宝是母乳和奶粉混合喂养,奶粉吃得多,添加辅食后,大便一直很稀,其中还有奶瓣。这到底是怎么回事啊?

许多新手爸妈初次看到自己的宝宝大便中有奶瓣都会着急万分,事实上,婴儿出现这种情况非常正常。

所谓奶瓣,是指宝宝大便中有白色颗粒或瓣状物,通常是油和蛋白质的混合物,是宝宝消化不良引起的。婴儿大便中出现奶瓣是因为婴儿肠胃发育还相当不完善,无法完全消化吸收奶粉中的蛋白质所导致的,有些宝宝甚至出生头3个月一直都拉带有白色奶瓣的酸臭大便。

通常情况下，下面两类婴儿容易出现大便带奶瓣的现象。

一是混合喂养的宝宝容易出现大便含奶瓣的现象，全母乳喂养的宝宝基本上不会出现奶瓣，因此混合喂养的宝宝，如果条件允许，应尽可能母乳喂养。但是妈妈要注意不要吃太多油腻、凉性及高蛋白的食物。

假如宝宝只在吃奶粉时，大便里出现奶瓣，家长要注意寻找原因，看看是否是奶粉冲调比例不对？是否吃得太饱？是否是奶粉选择不当？如果原因不明，可以适当给宝宝吃点有助于消化的益生菌等药物。

低月份婴儿，尤其是新生儿，一天大便多次，很稀是正常的。如果家长觉得宝宝大便不正常，不要自行用药，而是要去医院化验大便，没有细菌感染就不要用药。

二是刚刚开始添加离乳食品的宝宝，大便可能会带些奶瓣，大便次数增多，有些发稀，颜色也会发生改变，呈黑绿色或黄褐色。这都不算病态，而是添加离乳食品的正常结果。

有些妈妈看到宝宝大便变稀，就不敢再喂宝宝离乳食品了，只吃母乳或牛乳，这是错误的做法。此时把已经适应的离乳食品停了，同时母乳或牛乳又不足，会导致宝宝出现饥饿性腹泻，妈妈不明就里，不知道宝宝腹泻正是妈妈停了离乳食品所造成的，更加不敢让宝宝吃乳品以外的食物，结果会使宝宝的问题越来越严重。可见，关心则乱。

如果婴儿大便中有奶瓣，只要孩子精神很好，没有过分哭闹，就不必急着去医院，家长只需调整一下喂养方式，或者吃点益生菌等调理一下即可。

1岁以内的婴儿不吃或少吃的食物

前文我们一再强调,给宝宝添加辅食要按部就班,这个"按部就班"的重中之重就是要根据婴儿的肠胃发育情况(常规的依据就是月龄)添加食物。给婴幼儿选择食物的首要原则就是营养丰富、容易消化、口味不重的食品。

不少家长想当然地认为,对成人有益的食物对婴幼儿也同样有益,于是就自作主张地给宝宝喂食。殊不知,1岁以内的婴儿正处于消化系统不断完善的阶段,对于食物是非常挑剔的,有很多食物都是暂时不能出现在他们的小餐桌上的。一般情况下,下面这些食物容易被过早添加,妈妈们要注意避免。

(1)谷类、淀粉类食物。谷类、淀粉类食物容易消化和吸收且不易致敏,很多家长给宝宝添辅食时,首选米粉、稀粥等食物,这是正确的。但是,这些不可作为离乳期宝宝的主食,这是因为现在的谷类食物都过于精细,维生素遭到严重破坏,B族维生素的含量尤其受到减损。以这些过于精细的谷类为主食,会因为维生素缺乏而影响宝宝神经系统的发育,同时,B族维生素的缺失会影响宝宝视力发育,让宝宝更容易患近视眼。

(2)鸡蛋清。1岁前的宝宝不可以吃蛋清。因为婴儿的消化系统尚未发育成熟,而鸡蛋清中的蛋白分子较小,会经过肠壁直接进入到血液中,刺激体内产生抗体,引发湿疹、过敏性肠炎、喘息性支气管炎等病症。

另外,婴幼儿食用鸡蛋的量也要严格控制,因为过多吃鸡蛋会加重婴儿的消化道负担,引起蛋白质中毒综合征,产生腹部胀闷、四肢无力等不适。一般来说,6个月至1岁的宝宝最好只吃蛋黄,每天不能超过1个；1岁半至2岁的宝宝隔一天吃1个整鸡蛋，2岁以后才可以每天吃一个整鸡蛋。

（3）汞含量较高的鱼。在对0～3岁宝宝的检测中，许多汞暴露率高的宝宝都有过多食用海鱼和海产品的习惯。这主要是因为世界性的海洋污染导致海产品也受到重金属污染，其中，汞污染对人类的影响更加明显。因此，在给婴儿选择鱼类时，尽可能选择淡水鱼类。如果选择海鱼，要避开汞含量高的鱼，尤其是深海鱼类及体型较大的鱼类，像鲨鱼、旗鱼、金枪鱼等体型较大的海鱼，其生命周期长，体内汞含量比其他鱼偏高。另外，剑鱼、鲶鱼、罗非鱼、金目鲷、吞拿鱼等也尽量不要给宝宝吃。

（4）带壳的海鲜。螃蟹、虾等带壳类海鲜会导致婴儿过敏，1岁以前不宜喂食。

（5）鱼片干、鱼松。有些家长将鱼干、鱼松等同于新鲜鱼肉，加上这些食品很适合宝贝的口味，所以就让宝宝多吃。这种认识是错误的。鱼片干、鱼松都是再加工食品，其中含氟量较高。宝宝每天只吃10～20g的鱼松、鱼干，从中摄取的氟，加上从水及其他食物中摄入的氟就轻松超过了安全标准——人体每天摄入氟的安全值是3～4.5mg。氟化物在宝宝体内长期蓄积会导致宝宝氟中毒，严重影响宝宝牙齿和骨骼的生长发育。

家长们可以偶尔给宝宝吃点鱼干、鱼松调换一下口味，但不可将其作为一种长期食用的营养品。

（6）动物肝脏。猪肝、牛肝等动物肝脏富含维生素A，但是，动物肝脏中的有毒物质含量要比鸡肉中多出数倍，这些毒素对成人或许不构成危害，但对宝宝来说却是毒性大于营养，不宜多吃。3岁以前的宝宝补充维生素A，建议直接服用维生素A更安全一些。

（7）不合适的蔬菜类。蔬菜中含有大量的维生素和矿物质，是婴幼儿的极好食物，但要注意有些蔬菜不宜过早出现在辅食中。它们包括以下几类。

菠菜、韭菜、苋菜等含有大量草酸的蔬菜。大量的草酸不仅不易被人体吸收，还会与体内的钙形成不溶的草酸钙，影响钙的吸收，危害宝宝的骨骼、牙齿发育。

※菠菜因为含铁量很高。很多家长也想当然地将菠菜作为宝宝的最佳补血食物。其实，菠菜中的含铁量远低于豆类、韭菜、芹菜等，而且容易在肠道形成不易吸收的草酸铁，吃多了会影响消化。

含粗纤维的蔬菜。婴儿的肠胃很难消化粗纤维，因此像竹笋、牛蒡、芥菜、黄豆芽、芹菜等富含粗纤维的蔬菜，最好等宝宝大些再喂，此外，菜梗的纤维也比较粗，也不要让宝宝吃。即使到了可以喂食的月龄，也一定要尽可能切碎。

易致胀气食品。如洋葱、生萝卜、干豆类，应尽量少食。

（8）豆类。豆类中含有能致甲状腺肿大的因子，会让正处于生长发育时期的婴儿受到损害。此外，豆类较难煮透，烹饪不当容易引起食物过敏和中毒反应。

（9）容易引起过敏的水果。食物过敏往往是导致宝宝过敏性哮喘的主要诱因之一，这些水果包括芒果、菠萝，以及水蜜桃、奇异果等表面有绒毛的水果。

※不少家长认为水果营养丰富，水分充足，只要宝宝爱吃，怎么吃都行。其实，水果虽好，但也不可以想吃就吃。如果在饱餐后马上吃水果，易形成胀气，引起便秘；而餐前给宝宝吃水果会占胃的空间，影响吃正餐。正确的做法是把吃水果的时间安排在两餐之间，或是午睡醒来，把水果当作加餐点心吃。

（10）纯蜂蜜。对于2岁前的宝宝并不适合食用蜂蜜。这是因为蜂蜜中含有梭菌和肉毒杆菌的孢子，这些孢子会在人的肠道内繁殖、落户，产生一种麻痹肌肉的毒素。2岁以内的宝宝，其肠道缺乏对这类细菌的抵抗力，食用纯蜜蜂后可能患上一种极少见但是非常严重的病症——婴儿波特淋菌中毒。

注意，我这里强调的是纯蜂蜜，对于经过高温杀菌的含有蜂蜜成分的婴儿食品，则可以放心食用。

（11）矿泉水、纯净水、功能饮料。婴幼儿的消化系统过滤功能差，矿泉水中的矿物质含量过高，容易造成渗透压增高，增加肾脏负担；长期饮用纯净水则会使宝宝缺乏某种矿物质，而且纯净水在净化过程中使用的工业原料可能对婴幼儿肝功能有不良影响。功能饮料中大都富含电解质，对成人有益，但是对于代谢和排泄功能还不健全的婴幼儿来说，肝、肾却无法承受过多的电解质，甚至会加大儿童患高血压、心律不齐的概率。

饮水机容易造成二次污染，也不宜使用。

（12）刺激性的食物。如咖啡、浓茶、可乐等，这些会影响宝宝的味觉，并且有兴奋作用，会使小儿不安，甚至影响宝宝的生物钟，不利于婴幼儿神经系统及消化系统的正常发育。

（13）太甜、太腻的食物。这些食物营养价值低，而且会影响宝宝的进食，最好也不要食用。

（14）调味类。盐、西红柿酱、辣椒酱、芥末、味精、沙茶酱，以及过多的糖等口味较重的调味料都会加重宝宝的肾脏负担，干扰身体对各种营养物质的吸收，影响宝宝的味觉发育。如味精会影响血液中的锌的利用，等等。因此，离乳期的婴儿要尽可能保持食物的原味，不要添加过多的调味品，更不可有意识地加重口味。

（15）零食，尤其是大补的零食。严格地说，宝宝在辅食的初级阶段不应该吃零食。即使到了可以吃少量零食的月龄，也不能吃含有添加剂及色素的零食，更要注意避开含有补品的零食。有些带有大补性质的食物会导致宝宝性早熟。

要想长一口好牙，长牙期的喂养很重要

在正常情况下，婴儿从4~6月就开始萌出乳牙，乳牙是成对萌出的，通常情况下，门牙最先长出。多数孩子1岁时已有6~8颗牙，2岁时乳牙出齐，共20颗，有的宝宝则可能持续到2岁半。

不少家长认为反正乳牙都会换掉，乳牙长得好不好没什么影响。这是非常短视的看法，因为乳牙直接影响恒牙的萌出及功能。乳牙营养不良，恒牙就可能长得歪歪扭扭，稀疏短小。可见，想让宝宝将来有一口令人羡慕的好牙，乳牙期就要打好基础。

要想牙齿长得好，最忌缺乏营养。牙齿的健康生长需要有充足的热量、蛋白质、钙、磷、维生素A、维生素D、维生素C和氟等营养物质做支撑。如果钙、磷及维生素D摄入不足，会影响牙齿的正常形态和结构；如果长期缺乏维生素A、维生素C，牙齿会长得稀稀拉拉，横七竖八，短小不齐。所以，在给宝宝添加辅食时，不能忽略牙齿需要的营养物质。通常来说，只要辅食添加合理，且在必要的时候给孩子服用维生素D和钙片，就不会影响乳牙的生长。

为了帮助宝宝的乳牙顺利生长，还要注意锻炼宝宝的咀嚼能力。当宝宝的牙齿生长到不同程度时，需要挑选合适的、有利于宝宝咀嚼的食物。等宝宝牙齿稍微牢固的时候，给宝宝饼干、干馒头片之类的食物啃咬或咀嚼，但注意食物不可太坚硬，防止伤到初生的牙釉质。当宝宝1岁左右的时候，牙齿相对牢固了，还可以辅之以磨牙棒，让宝宝习惯咀嚼食物的感觉。另外，尽量不给宝宝吃甜食，以防止龋齿发生。关于如何选择食物，妈妈一定要把好关。

基于以上原理，妈妈在宝宝的长牙期要特别注意避开下面两个错误。

（1）过早使用磨牙工具和安抚奶嘴。有些家长在宝宝的乳牙刚露头的时候就用磨牙棒和安抚奶嘴。由于宝宝的齿形还未定型，磨牙工具和安抚奶嘴会改变宝宝牙齿的生长方向，造成牙齿畸形。通常情况下，宝宝1岁以前，最好不要用磨牙工具和安抚奶嘴。

（2）过晚添加泥糊状食物。宝宝4~6个月的时候就可以添加泥糊状的食物了。但是，有些宝宝到了八九个月的时候还没有吃泥糊状食物的习惯，仍是大量喝母乳或配方奶，这样做不但会使宝宝营养不良，还会让宝宝因为缺乏咀嚼刺激而影响咀嚼功能的发育，继而影响宝宝的语言、认知能力发展和智力发育。

小常识

1. 长牙期宝宝的特别注意事项

多数婴儿出牙时没有什么感觉，但也有小部分婴儿伴有局部发红、发痒、流口水、喜欢咬硬物或手指、哺乳时咬奶头等现象，这些大都会在出牙后自然消失，妈妈不必担心。

※已经长牙的宝宝要改掉半夜吃奶的习惯，这个习惯很容易导致蛀牙。

在宝宝长出第一颗牙齿后，爸爸妈妈们就要开始为孩子清洁牙齿了，可以用套在手指上的指套牙刷，也可以将医用纱布蘸水缠在食指上擦拭孩子的牙齿，每天一次即可。等宝宝满周岁后，爸爸妈妈们可以用牙刷为孩子刷牙，但不建议用牙膏。宝宝3岁以后可以用牙膏了，但一定要使用儿童专用牙膏。

有条件的家庭，在宝宝第一颗牙齿刚刚萌出到1周岁之间就应该去看牙医，不仅仅是检查牙齿，还要请医生评估一下宝宝的喂哺方式。此后，建议家长每隔3个月带孩子看一次牙医，便于及早预防和发现龋齿。

有的宝宝一出生或出生后不久就萌出了乳牙,这种乳牙通常没有牙根,极易脱落。如果到了1周岁宝宝还没有长出乳牙,可能是由于牙龈肥厚或者佝偻病等引起的,要尽快做全面的口腔检查。

2. 长牙期宝宝可能出现的症状

宝宝长牙时牙肉会痒,抓到什么都要放进口里咬,同时还伴随着烦躁不安、流口水等现象。家长一旦呵护不好,还会出现发烧、腹泻、胃口不好、睡眠不安、牙龈肿痛等现象。尤其是第一颗牙和白齿长出的时候,很容易出现牙龈红肿、疼痛。

在宝宝长牙期,家长需要多加看护,耐心教导宝宝不要把危险的东西放进嘴巴里,以免损伤牙龈。如果齿龈流脓,或出现周边发热,则说明齿龈受到感染,要及时就医。

如果宝宝在出牙期出现腹泻,大便次数明显增多,应暂时停止较硬的辅食,让宝宝吃容易咀嚼且易消化的粥或煮烂的面条等食物,并注意餐具的消毒。假如出现水样大便,就要尽快就医。

有些宝宝在牙齿刚萌出时,会出现不同程度的发热。如果体温不超过38.5℃,且不影响精神和食欲,就无须特殊处理,多给宝宝喝水即可。如果体温超过38.5℃,并伴有烦躁不安、拒绝进食、哭闹异常、腹泻等现象,则可能发生了感染,应及时就医。

宝宝在出牙时会哭闹不止,这时给他一些磨牙饼干等可以磨牙的东西就可以转移其注意力,也可以给宝宝吃一些凉的东西,如酸奶,这样会让他觉得舒服一些。

长牙期流口水是暂时现象,家长只要做好清洁工作即可,包括被口水污染的宝宝的脸,以及被沾上口水的衣服、枕头、被褥,等等。

糖糖妈育儿笔记

糖糖应该算是出牙晚的小孩儿，9个月才长出第一颗小牙。七八个月时，糖糖开始频繁地流口水，用小手抓起各种小物件放进嘴里磨牙，我还给买了一些磨牙棒，但没用过牙胶，觉得材质不安全。无奈这颗小牙是迟迟不肯露面。直到9个月了，才萌出了第一颗洁白的小牙齿。这之后，糖糖就一直顶着这唯一的牙齿吃饭喝水哭闹，10个月后才出现第二颗牙齿。总之，糖糖的牙齿吊足了我和糖糖爸的胃口，才不紧不慢地长了出来。后来才知道，糖糖出牙晚是因为严重缺钙和维生素D。

虽然出牙晚，但糖糖说话早，1周岁后就开始两个字地说，一天一个样儿，两周岁后已经能清晰地表达自己的想法了，还能熟练地运用新学到的成语、词语、谚语、歇后语。

保护味蕾，离乳期很重要

我们之所以能够享受到美食所带来的乐趣，完全有赖于舌头表面那些密集的小突点——味蕾。味蕾可以将食物的信息传递给大脑味觉中枢，让我们可以品尝出饭菜的滋味。如果味蕾失去了作用，我们吃饭就只有一个感觉——味同嚼蜡。可以说，味蕾失灵不会要了我们的命，但会让我们的生活失去很多乐趣。

味蕾发育的重要时期在婴儿期间，尤其是在6个月至1岁的时候，味觉发展是最为灵敏的，同时也是最容易受到伤害的时候。而这个阶段正好是离乳期。为了保护宝宝的味蕾，在孩子的味蕾发育阶段，家长们一定要坚持以下原则。

（1）婴儿食品应该是清淡的，不放或少放盐。口味是后天的饮食习惯造成的。经常食用味重的食物，就会对这种味道比较迟钝。如果经常给宝宝吃太甜、太辣、太酸、太香的食物，宝宝的味蕾对这种刺激就越来越迟钝，口味也会越来越重，这种不良的饮食习惯对宝宝的健康非常不利。

经常吃味重的食物不但会使宝宝的味蕾反应迟钝，还会让宝宝对喜欢吃的味重的食物产生依赖性，从而不吃清淡有营养的食物，造成辅食喂养困难。比如，婴儿本来就喜欢吃甜食，如果家长经常给孩子喝糖水，宝宝就不喜欢喝白水了。此外，从小吃味重的食物会让宝宝养成偏食挑食的毛病，影响到孩子一生的发展。

因此，婴幼儿包括小儿的食物应该尽可能清淡一点，符合健康标准的婴儿食品几乎都是没有咸味的。从小吃惯清淡食物的孩子，长大后，就不会喜欢吃味道太重的食品，这将使他终身受益。

有些妈妈为了迎合宝宝的口味，会特意挑选些有着甜味或是香气的食物。这种行为偶尔为之无可厚非，但是不要总是给孩子吃口味很重的食物。

（2）宝宝的食物在烹调时尽可能保持原味，不要放调味品。清淡的食物不会干扰宝宝的味蕾的灵敏性，反而更容易让宝宝品出食物的原味。当孩子能够品尝出食物的原味时，说明孩子的味觉器官已经发育得很好了。再者说，原味食物虽然口味清淡，但是营养更加丰富，而且容易消化。加了很多调味品的食物虽然吃起来美味，但对宝宝的身体健康却不见得有益。

（3）哺乳妈妈要注意自己的饮食，不可偏食，不可口味过重。婴儿在母亲肚子里体验过的味道或出生后从母乳中体验过的味道，将是他们断奶后选择固体食物口味的重要依据。因此，为了宝宝的健康，哺乳期的妈妈要控制好自己的食谱。

总之，喂养宝宝不只是吃饱那么简单的事，而是要照顾到每一个细节，包括保护宝宝的味蕾，让孩子养成健康饮食的好习惯。

小常识：婴儿喜欢甜味和鲜味，不喜欢酸味和苦味

宝宝虽然小，对食物的味道却是很在意的，有自己的喜好。一般来说，婴幼儿的味觉在还没有发育成熟之前，更喜欢单纯的味道，如甜味和鲜味。这就是宝宝为什么喜欢吃甜食和肉鱼虾的原因。而酸味、苦味和辣味等刺激性的味道相对复杂，往往要到学龄期以后，宝宝的大脑发展到一定成熟度时，才能接受。

糖糖妈育儿笔记

糖糖的饮食绝对是清淡型的。从添加辅食开始，菜泥、肉泥、肉粥中就只放一点儿盐。1岁后，饭菜里也只放了盐、醋，酱油偶尔会放一点，几乎不放任何调味料。我会用各种水果或者是酸奶来调味。因为一家人的饮食都比较清淡，所以糖糖在2周岁和长辈们共享同样的饭菜时，丝毫没有不适感。现在，偶尔上饭店吃到口味重的菜，糖糖都会觉得难以下咽，需要用清水涮一遍再吃。因为口味清淡，糖糖的味觉和嗅觉出奇地灵敏，周围出现一丝异味，她都能在瞬间闻出来。吃进嘴里的东西有一点点不一样，她都能品尝出来。当然，这也让她在尝试吃一些新东西尤其是吃药时比较困难。

饮食过分干净会影响宝宝肠道益生菌的生长

现如今,家长们对婴儿的卫生关注度过于高了,尤其是饮食方面,有些到了近乎偏执的程度。比如,吃奶前把乳头清洗得干干净净,甚至用具有杀毒灭菌的清洗液或湿纸巾一遍遍地擦拭;宝宝喝的配方奶都是经过严格灭菌消毒的;宝宝的餐具经过消毒灭菌,配奶用水是纯净水,等等。可是,大家这么注意干净了,却发现,宝宝的肠道问题似乎并不见少,反而越来越多,诸如腹泻、便秘、过敏、感冒等。很多时候,这些症状莫名其妙地就发生了,治不好,又查不出病因,让新手爸妈们手足无措。或许大家没有想到,导致宝宝频繁患肠道疾病的一个非常重要的原因正是饮食过于干净了。

过度干净的饮食让宝宝吃不到致病菌,也很少吃到益生菌。再加上抗生素的广泛使用,致病菌被消灭了,益生菌也在所难逃。就算有益生菌,因为抗生素的滥用,使得耐药菌种增多。宝宝一旦感染上致病菌,抗生素都对付不了它,益生菌有时也奈何不了它。

那么,益生菌是如何生成,又是如何产生作用的呢?

宝宝刚出生时,肠道内几乎没有微生物,等到开奶后,各种微生物在肠道内迅速繁殖,并且逐渐建立起肠道生态平衡。其中有大量的益生菌。益生菌起着肠道卫生的重要作用,在益生菌的数量占优势的情况下,能够抑制肠道致病菌的破坏。与此同时,益生菌在肠道定植后,会在肠黏膜表面形成一道防御屏障,可以阻止致病菌的入侵,防治腹泻;促进食物消化,预防便秘;减轻乳糖不耐受,缓解肠道过敏反应;促进多种维生素及生物酶的合成,增加人体对铁、钙及维生素的吸收；促进免疫球蛋白抗体的产生、提高细胞免疫水平，增强免疫力。

毫不夸张地说，宝宝出生后迅速生成的上亿益生菌是大自然赋予宝宝的天然抗生素和消化酶。可是，现在的家长们过于追求饮食干净，让宝宝体内无法储存足够的益生菌，反而更加容易患消化系统疾病了。

各位新手爸妈们关注宝宝的饮食安全没错，但不能过于清洁。

小常识：不能把益生菌当常规食物服用

益生菌可抵制肠道内的病菌生长，维持肠道内环境平衡，有助于消化，而且不像抗生素，有太大的副作用。所以，医生和家长对益生菌的态度都非常宽容。新生儿出院时，医院多会让家长带上益生菌类药物，让宝宝大便不正常时服用。不少妈妈也认为益生菌没有太大的副作用，所以把益生菌当常规营养物给宝宝服用。这种做法不值得提倡，过度人为干预反而不利于宝宝自身调节能力的发育。

虽然宝宝在胎儿期时，肠道内处于无菌状态，但是，宝宝出生开奶后24个小时，肠道就会获取大量的益生菌，足够维持肠道内的环境。此后，随着宝宝的成长和吃奶次数的增加，肠道内的益生菌也会越来越多，并且逐渐建立起肠道内菌群和内环境的平衡。如果过度给宝宝服用益生菌，反而会破坏这种平衡，同时减弱宝宝的自身平衡能力。因此，只要宝宝不是患有消化不良、非感染性腹泻等疾病，不必天天补充益生菌。

第六章
这些疾病常识要知道

新手妈妈最怕宝宝出现什么情况？生病。很多新手爸妈们看到宝宝出一点状况都往疾病上靠，结果往往虚惊一场，自己和宝宝都累。他们没有什么育儿经验，根本不知道该如何判断宝宝是否患病，以及病情是否严重。也有一些年轻家长对宝宝的疾病不以为然，随意用药，等等。诸如此类的无知行为让宝宝吃了苦头，严重的还会贻误病情，造成无法弥补的恶果。

病从口入，许多婴儿疾病与饮食有关

按理说，现在生活条件好了，婴幼儿营养素缺乏性疾病的发病率应该更低了，但是，事实恰恰相反，越来越多的婴幼儿营养不良，并且由此导致疾病。更准确地说，许多宝宝生病，最大的诱导因素就是营养素不均衡。

说起来，妈妈们都在喂养方面下足了功夫，又有老人、营养书籍及专家的指导，为什么宝宝还会因为营养缺乏而患病呢？个中原因不外乎以下几种。

（1）营养失衡导致成人病、营养不良。现如今，孩子都是家里的小太阳，家长们过于强调补充某些高营养食物，而忽略了某些低营养食物摄入，结果因为饮食结构不合理而造就了许多营养过剩、体重超标的"营养不良儿"。

此外，家长从各种途径获得的似是而非的信息，对某些营养素（比如钙、锌等）过于重视，超量补充，影响了其他营养素的吸收利用，结果导致宝宝体内某些营养素过多，某些营养素缺乏的情况。

哺乳妈妈营养过剩。哺乳妈妈的乳汁不但能提供给宝宝营养及免疫力，同时也会将细菌、病毒等不良物质给予宝宝。如果哺乳妈妈补得太过，导致营养过剩，或者经常大鱼大肉地吃，会导致乳汁内脂肪堆积，宝宝吃了后消化不了，就会或吐或泻或积食，进而出现营养不良、偏瘦、体质下降、疾病百生等症状。

因此，许多宝宝看起来白白胖胖的，似乎很健康，其实却隐藏着诸多疾病，比如过量补钙引起的便秘、高血钙，补锌带来的铁缺乏等，甚至是痔疮、高血压、高血脂、高血糖等成人病也找上门来。

（2）添加辅食不合理。有些妈妈不注意各个阶段的婴儿的发育状态，添加辅食时，没有按一定顺序添加相应的食物，认为什么最有营养就添什么，结果导致婴幼儿脾胃不和、积食、腹泻、消化不良等不良症状。

（3）食物制作不卫生、不科学。中国有句老话，"病从口入"。如果好食材烹饪不当，防腐、卫生措施不当，也会变成毒药，这个道理不用多说，大家也明白。

（4）过于精细。这是现代婴幼儿最容易出现的饮食误区。比如婴幼儿食用过度加工过的米面，致使维生素B_1缺失，就可能患上脚气病。因此，在给宝宝准备食物时，注意不要过于精细，比如不要过分淘米、不要长时间熬煮大米、不要在米粥中加苏打粉等，同时还要注意食物多样化，不要单吃一种食物。

（5）不注意控制婴儿的饮食。有些小儿能吃且吸收好，体重一个劲上涨，家长乐在其中，结果宝宝越来越胖，同时也患上了高脂血症、心血管疾病等成人疾病。

（6）婴幼儿吃饭时的心情不好。虽然说婴幼儿没有成人那样强烈的七情六欲，但是，有临床经验证明，婴幼儿患上厌食症等疾病，很大一部分原因是家长没有营造良好的饭桌氛围。宝宝不是真的没心没肺，在压抑的情绪下，怎么会有食欲呢？

（7）家长和宝宝的饮食习惯不好。家长的饮食习惯会直接影响婴幼儿饮食习惯的形成，同时，不良的饮食习惯会导致一系列不良后果，比如偏食、厌食、营养不良，继而导致更严重的疾病。

总之，如何让宝宝不生病、少生病，不是一句两句话能说得清的，但是，从根本上来看，除了先天不足外，很多疾病与饮食有关。只要妈妈们在生活中注意饮食搭配，营养均衡，就可以从根本上防止多数疾病的发生。

保护好宝宝的呼吸系统会避免很多的病痛

呼吸道疾病是婴幼儿最常见的疾病之一，特别是在感冒高发的冬季，到医院就诊的孩子中，80%以上是患了感冒、咳嗽、气管炎、肺炎、哮喘等呼吸道疾病。之所以婴幼儿更容易患呼吸道疾病，是因为婴幼儿呼吸系统娇嫩，2岁以后才逐渐趋于强健，比起成人来，婴幼儿呼吸道所分泌的免疫球蛋白比成年人要少许多，而免疫球蛋白具有局部的防御作用，能够抵抗入侵的细菌和病毒。同时，婴幼儿的气管黏膜发育不完全，纤毛稀少，不利于灰尘、细菌、黏液的清除和排出。所以孩子比较容易发生感冒、支气管炎等呼吸道感染。换言之，在日常护理中，护理好宝宝的呼吸系统会大大降低生病的概率。

如何保护婴幼儿的呼吸系统呢？家长在日常护理时，要做好下面几项工作。

平时注意清洁宝宝的鼻腔，保持呼吸通畅，不被细菌感染。妈妈清洁宝宝的鼻腔时要小心，避免伤到鼻黏膜，不要让宝宝用手挖鼻孔，以免异物呛入气管。

室内不能太干燥，平时让宝宝多喝水，这样对孩子的呼吸有帮助。

宝宝的衣物被子要经常清洗，玩具也要经常消毒，防止细菌感染呼吸系统。

天气太凉时，出门要给宝宝戴口罩，呵护好宝宝的呼吸道。

谨慎加减衣服。过度保暖反而会使孩子降低自身抵御寒冷的能力。

不要让宝宝在空气不好的环境中长时间逗留。空气污染是引发小儿呼吸系统疾病的主要原因之一，包括花粉、灰尘、室内装修产生的有害气体、室外空气污染，以及螨虫、猫狗等宠物分泌物，等等。此外，如果家里有人吸烟，二手烟、三手烟也会严重影响孩子的健康。家长们要为宝宝提供绿色的呼吸环境，在带孩子外出时，不要在空气污染严重的地方逗留；在室内活动时，也要注意避免接触污染源，并保持室内空气新鲜，经常通风。

经常带宝宝进行户外活动。即使是在冬天，也不要让宝宝整天闷在家里，在天气不错的日子里带宝宝进行适当的户外活动，晒晒太阳，这是强健呼吸系统的根本办法。

糖糖妈育儿笔记

在这一点上，感觉自己做得还不错。第一，我们家是无烟家庭，糖糖爸、爷爷和姥爷都不抽烟，即使有朋友来家做客，我们也会主动向对方说明情况，为糖糖创造一个绝对无烟的环境；第二，带糖糖外出时，我都选择空气清新的公园，很少带她去室内活动场所；第三，即使是在寒冷的冬天，糖糖也会到户外奔跑、晒太阳，绝不会窝在家里。但有一点例外，糖糖不习惯戴口罩，总是嫌捂着喘不上气。所以，北风凛冽的天气里，你看到的也只是一个戴着护耳帽的小孩儿在奔跑跳跃，小脸被冻得红红的，这个小孩就是糖糖。

带宝宝去就诊,家长必须要做好充足的准备

有许多新手爸妈带着宝宝来看病,却对宝宝的病情语焉不详,无法准确回答医生的提问,结果大大拉长了就诊时间,让宝宝白白多受罪。建议家长准备一个小本子,平时注意观察宝宝有无异常表现,大部分疾病在暴发前都会有相应的反应,如烦躁、哭闹、拒食、嗜睡、过于安静等,尤其是2岁以内的婴幼儿,不会充分表达自己的意愿,更需要家长们仔细观察,并详细记录,以备看病时使用。

下面这些重点是家长们在就诊前就要事先掌握的。

(1)一定要牢记自己宝宝的药物过敏情况。有孩子的家长最怕的就是孩子对药物过敏,而自己却不知道。为了保证及时应对宝宝药物过敏,孩子第一次注射抗生素时一定要在医院完成,这样,万一出现什么不良反应,可以及时处理。要知道,有些药物,即使皮试阴性,真正打针的时候也可能有不良反应。

(2)了解宝宝的病史。包括孩子以前的患病史及家庭成员的病史,如孩子以前得过什么病,治疗效果如何,有无后遗症,吃过什么药,有无药物过敏史,等等。特别要说清孩子此次发病的可能诱因,如疲劳、受凉、积食或者意外伤害,等等。要告诉医生,已经去过哪家医院,服过什么药,多大剂量,以免用药不当而引起不良后果。如果孩子的病情比较复杂,那就按照发病的前后顺序,把病情的发展变化一一向医生讲清楚,且叙述要简洁,与病无关的事不要多说。

(3)平时注意把孩子的病历、检查单据等整理好,带宝宝就诊时,将这样的过往记录提供给医生,可减少不必要的抽血或X光

照射等重复检查。

（4）带宝宝去看病时，要给孩子戴个口罩，避免交叉感染。如果宝宝要查血，去之前最好不要给孩子吃饭，等抽完血后，再吃东西。因为验血有很多项目，虽然不是所有项目都需要空腹抽血（如血常规），但也有很多项目要求空腹，如肝功、心肌酶、支原体抗体、Eb病毒，等等。如果恰好需要查这些要求空腹的项目，而宝宝吃了饭，就会延误治疗时间。有些妈妈担心宝宝不吃饭会影响身体，而且假如当天要打针，空腹会很危险。其实大可不必担心，查血并不要求一直空腹，等抽完血后，就可以吃东西了。

（5）如果宝宝病情比较重，确定需要抽血，那么去你信任的医院，免得因为不信任这家医院，又去别的医院重复检查，让宝宝受罪。婴儿，尤其是新生儿采血比较困难，有时候需要桡动脉或者股静脉穿刺采血，换一家医院就要抽一次血，宝宝是很受罪的。再者说，重复检查也要多花钱。

（6）就诊前，家长要事先掌握下面七个与病情有关的要点，并且在医生问诊时准确地告知以下信息。

其一，宝宝的发病时间、间隔时间和恶化时间。这对制定准确的治疗方案非常重要。比如，急腹症发病超过一定时间后，病情变化很大，治疗方法也不相同。切记，表述的时间要具体，而不能是"我下班回家后""早上吃饭后"等模糊的表述。

言简意赅地准确说出孩子的主要症状，如"咳嗽、气喘两天""发热两天，一天前皮肤出现红色皮疹"等，这样可以让医生迅速对孩子的主要病情有个初步的了解。

其二，宝宝发病时的身体状态。四肢、颈项活动有无异常；神志是否清楚；有无烦躁不安、哭闹、嗜睡等现象；是否咳嗽，是否有哮鸣音，有无痰，痰的颜色和稀稠性状等；是否呕吐，呕吐物如何，呕吐物是溢出还是喷射出来的；是否伴有鼻塞、流涕，等等。

总之，只要有异常，就要尽可能记下来并告知医生。

其三，事先对常见体征，如发热、腹痛等做好记录，就诊时告知医生。比如，如果宝宝发热，家长在家中测过体温，就诊时要告诉医生测量的时间、次数、最高体温、发热有无规律，以及手心、脚心、手背的温度差别、发热时有无抽搐、出疹子等伴随症状。这些数据会让医生更快速、准确地判断宝宝的病情。如果在家中没来得及测体温，在候诊时也要测量一下，没条件的可以用手感受一下，大致判断宝宝的发热程度及发热变化。要知道，哪怕是"有点发烧、烫手、滚烫"这样含糊的表述，也能让医生尽快了解宝宝的发热程度。

其四，如果是腹痛、腹泻，要能指出宝宝腹痛的部位、疼痛的时间、程度，以及什么情况下疼痛会更严重，等等。

其五，要注意观察宝宝发病前后的饮食异常。饮食变化能部分地透露疾病的方向。就诊时要告知医生宝宝发病时的饮食情况，包括有无吃不洁的食物、喝生水、吃剩饭剩菜，是否吃了特别的食物；饭量是增大了，还是减少了，有无厌食等情况；喝水情况有无变化，等等。还要说明宝宝有无吃泥土、石灰等异食癖现象。

其六，观察宝宝的大小便有无异常。如有，要事先观察具体情况，包括大小便的次数、量、性状（如大便稀水样、米汤样、蛋花汤样、干硬等；小便发黄等），以及性质（如黑便、脓血便、黏液便等），有无腥臭、恶臭或其他特殊气味，等等。

其七，观察宝宝的睡眠情况。包括睡眠的时间，是正常睡眠，还是昏睡，睡眠时是摇叫不醒，还是稍有动静就惊醒，睡眠中有无惊叫、哭泣等情况。

总之，婴幼儿发病比成人更急，家长事先一定要做好充足的准备。

糖糖妈育儿笔记

我们家属于倾向中医的家庭。平日里,家人生病用药都是以中药为主。但几次经历后,给糖糖用药慎重了许多。有一次糖糖腹泻,糖糖爸给喂了蒙脱石,吃了两天后不见好,反而严重了。后来去诊所咨询,结果医生在问了病症后告诉我们糖糖是消化不良引起的腹泻,蒙脱石并不对症,反而加重了腹泻。从那以后,糖糖再有腹泻,我都不会轻易给她吃药,而是先问好医生是哪种情况再用药。

婴儿要防"火",有火才生病

干燥的秋季、炎热的夏季,以及秋冬、冬春换季时节,都是宝宝"上火"的高发期,家长在这几个节骨眼儿上尤其要注意预防宝宝上火。

由于"内火"不是一下子就聚积成病的,在发病前通常都有征兆,这就让家长有了"灭火"的时机。当然,前提是你发觉了这些征兆。各位家长每天在宝宝睡觉前或合适的时候,不妨观察一下宝宝的下面几个关键地方。

眼角。如果宝宝眼角有眼屎,说明肝火旺盛,这时的孩子往往容易发脾气,不听话,可以给孩子吃些降肝火的食物,如芹菜汁、粥等。

舌头。如果宝宝的舌头、舌边发红,说明有心火了。这时的孩子通常白天爱口渴,晚上爱折腾,睡不好觉。可以让宝宝多吃祛心火的食物，比如鲜莲子、茭白、茄子，烹饪时最好素炒、蒸，不要用多油。如果宝宝口舌生疮、舌苔发黄、厚腻，说明内火已经很严重了，食疗已经不起作用，需要药物治疗了。

嘴角。如果宝宝口角经常有"白荏儿"，口干，说明有了脾火，可以用柿饼上的柿霜冲水给宝宝喝，或是吃杨桃。

肛门。宝宝的肛门正常颜色是粉红色的，如果呈现红色，说明体内有火，通常是肠道有火，颜色越深，说明体内的火越大。如果发现宝宝的肛门是红色的，要给孩子吃些祛火的蔬菜或水果，如西红柿、白菜心、甘蔗汁、淡竹叶水、淡藤茶等。注意食物不能是寒性太强的。同时，要有意识控制宝宝的食量，不要让宝宝吃得过饱，少吃热量高的食物。

大便。正常宝宝排便轻松、顺利，大便是软黄便，不会干硬，也不会太稀。假如宝宝排便很痛苦、很费力，大便干硬，同时还伴有口臭，说明有胃火了。此时要尽量让孩子少吃点，空空胃，平时喝点小米粥、百合粥、荸荠汁或煮水。

手心。正常宝宝的手心不会太热、太干燥，摸起来凉凉的，有点潮潮的。假如宝宝的手心变得干热，晚上还出汗，那就是有虚火了。此时的宝宝最需要的是补充营养，增强体质。需要注意的是，切不可让宝宝吃寒性大的食物，以免加重症状，情况更难办了。

婴幼儿上火是非常常见的，一般七八岁以前的宝宝不要用药，要尽可能食补，同时平时要经常给小儿按摩、推拿，每天给宝宝捏捏脊、搓搓脚心都是不错的去火办法。

小常识：按摩几个穴位可以去火

对8岁以前的小孩，用推拿按摩的方法去火是最好的。按照中医的说法，小孩子是"纯阳之体""身上自有大药"，也就是说，

第六章 这些疾病常识要知道

能治他的病的药就在他身上。让这个"药"起效的办法就是按摩。

（1）捏脊。把手搭在孩子脊柱上面，觉得哪个地方有热，这个地方就要多多地从下往上搓，这样可以去火。不管爱不爱生病的孩子，每天捏脊两次，可以增加免疫力。

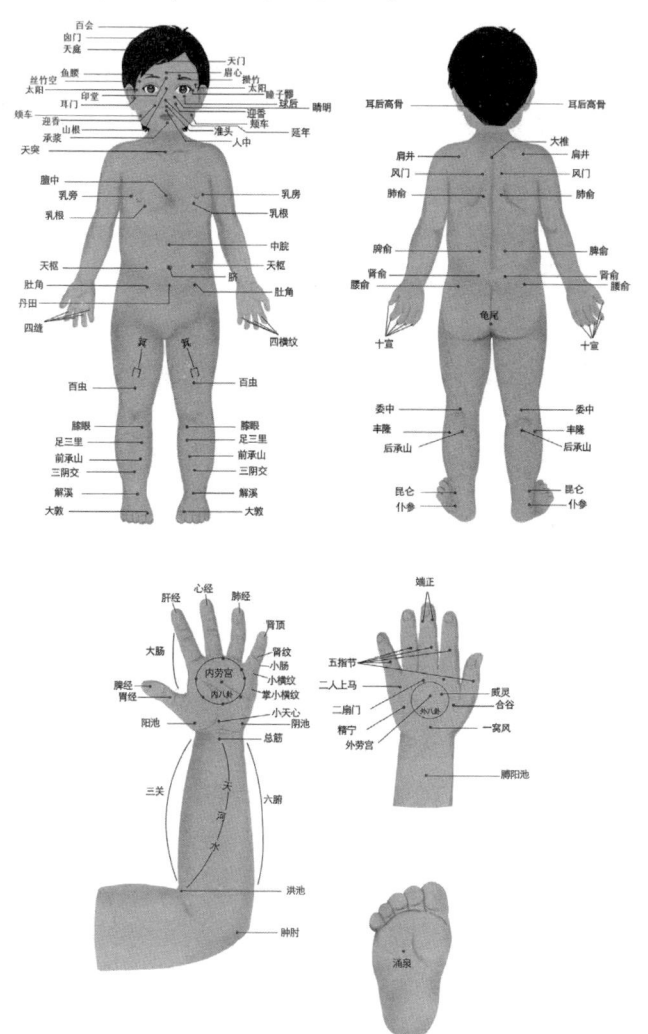

（2）按摩天柱穴。对于体质比较弱的宝宝，家长可以按摩天

柱穴让孩子强健起来。脖子后面有两条筋，天柱穴就在后面凸起的地方。

（3）刮大椎穴。如果孩子经常咳嗽，是有肺热，可以用刮痧板或手指侧轻轻刮大椎穴附近。

（4）按摩天突穴。天突穴位于锁骨中间，经常按摩这个穴位，对易患支气管炎、爱咳嗽的宝宝非常有益。另外，可以经常按一按宝宝第二个锁骨跟肩关节交界的地方，对预防咳嗽极有好处。

（5）搓膻中穴。对于免疫力比较差的宝宝，家长可以每天晚上睡觉前用柔软的干毛巾给他轻轻搓一搓膻中穴，可以刺激胸腺细胞活跃，强化免疫系统。膻中穴位于身体前面的正中线，在两乳头连线的中点。

（6）搓手指。手指的侧面对应着消化道，对于去火、消除食积，以及增加免疫力都非常有好处。

（7）搓涌泉穴。在脚掌上有两块肉，中间有一个坑儿，这个地方就是涌泉穴。涌泉穴是肾的反射区，人体的能量都是从这个地方涌出来的。经常给宝宝搓一搓涌泉穴，有助于排出体内的火和毒。

需要特别提醒的是，如果按摩时需要给宝宝脱去衣服，一定要注意保暖。因为按摩时，血液循环加速，此时毛孔是张开的，如果受风，寒气通过毛孔进入体内，反而会加重病情。

防"蔫"防"干旱"，宝宝少得病

上一节讲宝宝防病，防火很重要，与之相关联且同样重要的还有防"蔫"、防"干旱"。宝宝生病之前都会有先兆，如果能够及时处理，比如多喝点水，及时调整食物，注意休息，往往就能将疾病扼杀在摇篮中，至少也能减轻症状。根据我的临床经验，如果平时家长做好防"蔫"、防"干旱"，就能让宝宝少生病，或者尽早发现疾病的苗头。

防"蔫"。宝宝生病前，身体首先会表现出不适，最明显的就是"发蔫"——平时活蹦乱跳的孩子忽然不爱动、不爱说话了，或者平时很乖的孩子忽然开始莫名其妙地烦躁不安、耍赖、哭闹，这些表现都是宝宝身体不舒服的信号。家长不要认为这是宝宝不懂事、耍脾气，而是要想到宝宝可能是不舒服了，然后仔细寻找可能的原因，防患于未然，如果症状明显，需尽快就医。

宝宝是否发"蔫"是判断婴幼儿急诊非常有效的依据，家长要给予重视。

有时候，宝宝玩得太累了也会发"蔫"，但是，不会表现得很难受，休息一会儿就好了，不会影响吃饭睡觉，没有不高兴的表现。对这种发"蔫"，家长只要施以保护措施即可，比如及时擦汗，不要忙着脱衣服等，免得受凉。

多喝水，防"干旱"，可以防病、治病。人的身体有了足够的水分才能正常运转。小孩子体内的含水比例要高于成人，大约75%都是水，再加上小孩子体积小，哪怕缺一点儿水，都会是很大的问题。因此，婴幼儿生病，一个重要的原因就是缺水。家长要特别重视给宝宝补水，尤其是添加辅食以后的宝宝，喝配方奶的婴儿也可以适当地补水。

另外，小儿生病，一个重要的症状就是发热、体内积累毒素，多喝水可以降温，同时可以让体内的毒素随着尿液排出来。

几种情况下需推迟疫苗接种

婴幼儿接种疫苗通常都有一定的时间表，正常情况下，家长在规定的时间内带宝宝去医院接种即可。但是，当宝宝在接种时恰逢一些特殊情况，这时就要推迟接种。常见的情况有下面几种。

免疫力低下或有免疫缺陷的宝宝，在免疫恢复前，不能接种疫苗。正在进行免疫抑制剂治疗的宝宝，如正在进行肾上腺皮质激素、放射疗法、抗代谢化学疗法等治疗时，不可接种活疫苗。

宝宝正在患传染病，或正处于急性传染病恢复期，或有急性传染病接触史，需暂缓接种。等确定宝宝没有传染上或传染病彻底治愈后，再接种。

如果宝宝有慢性疾病史，如心脏病、肾病、肝病等，不宜接种疫苗。假如疾病已经治愈，可向防疫医生咨询，视情况进行补种。

如果宝宝患有脑发育异常等神经系统疾病，或有惊厥史，不宜接种疫苗，通常免接种流脑、乙脑、破伤风、狂犬病等疫苗，接种后可能会引起严重的神经系统反应。此外，宝宝发生高热惊厥后的3个月内不宜接种疫苗。

严重过敏体质的宝宝，如经常患荨麻疹或喘息过敏性疾病的宝宝，如需接种，要进行脱敏接种，否则会引起更严重的过敏反应。

严重营养不良与佝偻病患儿不宜接种，待恢复后补种。

严重呕吐的宝宝，不宜接种疫苗，待呕吐停止后补种。

如果宝宝出现不明原因的哭闹、拒乳、精神不佳等情况，在没有查清病因前，不宜接种疫苗，等排除原因后，再补种。

正在患普通感冒、轻度低热等一般性疾病的宝宝，视情况可暂缓接种。

宝宝接种疫苗前后一定要做或不能做的事

为了保证宝宝接种疫苗后不会出现过敏、效果不好等异常情况，新手妈妈在带宝宝去接种前及接种后，一定要知道哪些事情能做，哪些事情不能做。

1. 接种疫苗前

接种前1周不要吃药，尤其不要吃抗生素。

如果宝宝对鸡蛋，特别是蛋清过敏，一定要向医生事先说明，以确定是否可以接种。

接种时随身带着免疫接种证，以免遗漏疫苗或接种错误。

如果是接种口服疫苗，要保证宝宝空腹服用，以免影响效果，以及引起呕吐。

2. 接种疫苗后

接种疫苗后，要在接种室外等候20~30分钟，确保不会出现严重的过敏反应后再离开。严重过敏反应的表现有：呼吸急促或困难、口唇及面色青紫，严重者会出现过敏性休克。

接种当日不要给宝宝洗澡，以免感染伤口。

接种当天要多给宝宝喝水，同时要监测宝宝的体温，如轻度发热，要及时物理降温，如高热或持续发热不退，要去医院就诊。

接种疫苗后1周以内，不要随便给宝宝吃药，使用前要咨询医生，以免降低免疫效果。

经常给宝宝做按摩，不仅长个儿，还防生病

近年来，专门针对宝宝的按摩店越来越多。有不少新手妈妈对这个现象并没有更深层次的了解，认为不过是"女人与孩子的钱好挣"的一种表现而已。其实，新手妈妈们不知道的是，简单的按摩对于正处于生长发育期的婴幼儿来说，不仅是享受么简单的事情，对宝宝的身体、智力、情商，以及行为能力的发育都有难以想象的益处。

按摩之所以对宝宝有如此神奇的作用，是因为皮肤是人体最大的感受器官，体内各个器官几乎都在皮肤表面分布有兴奋中枢感受点，中医中的穴位疗法就是基于这个原理。当妈妈给宝宝按摩皮肤时，就会刺激到这些感受点，引起一系列有益的反应。

安抚作用。这是按摩对宝宝最直观的效果，接受按摩的宝宝大部分能安然入睡，而且比较少哭闹，不安情形大幅降低。

使宝宝体内产生更多的胰岛素和荷尔蒙，增加迷走神经活动，有助于食物吸收、消化和排泄，宝宝的吸收能力强了，体重增加自然加快，个子长得更快，良好的排泄能力可以让宝宝体内更清洁。

提高或恢复宝宝的免疫力，让宝宝更加健康。

促进婴儿神经系统发育，提高智商，使孩子变得更聪明。

活动了宝宝的全身肌肉，让宝宝的肢体长得更健壮。

按摩让宝宝的各种器官受到有益的刺激，从而变得更加强健，使各项能力发育得更快更好，比如足部按摩可以提高脚趾抓地能

力,让宝宝站得稳、走得快。

按摩对宝宝情商的发育也是不可忽视的。妈妈在抚触宝宝时,把爱意传递给孩子,增强宝宝的幸福感、安全感、自信心,促进情商的发育。如果宝宝出生3个月中都没有被家人拥抱或抚摸过,会很容易暴躁。

此外,按摩还是有效缓解某些疾病的"特效药",比如腹部按摩能减轻腹胀和便秘的症状,胸部按摩可以使呼吸顺畅,等等。

总之,轻柔触摸宝宝的身体,亲亲他胖嘟嘟的小脸蛋,捏捏他可爱的小脚丫子,都是在"抚触"宝宝的心灵,都会给宝宝带来意想不到的好处。年轻的爸爸妈妈不妨亲自动手,让宝宝体验按摩的乐趣,同时给宝宝带去健康。

给宝宝按摩没有固定的模式,但也不是随便捏捏揉揉,需要注意以下几个问题。

注意力度,不能像给成人按摩那样用力按压,而是要轻柔地抚触,不能伤到宝宝。

要按摩到几个关键部位:面部、十指的侧面、手心、腿部(重点在膝关节两侧)、脚趾、脚心、脚踝、从头顶正中到尾椎骨末端。不一定一次全部按摩到,可以根据妈妈的时间而定。妈妈也可以按照专业的按摩顺序来做,基本的按摩顺序是从头部开始,接着是脸、手臂、胸部、腹部、腿、脚,从颈部到背部,每个部位抚触2~3遍。开始时要轻,以后适当增加力度。给宝宝按摩,贵在坚持。

按摩的温度和时间要恰当。按摩正常婴儿时,环境温度最好在22℃~26℃,早产儿则要达到30℃,同时房间要保持一定的湿度。每次按摩的时间在15~30分钟,不宜太久。不要在宝宝疲倦、饥饿、烦躁的状态下按摩,尤其不能在宝宝进食后30分钟内进行抚触,避免宝宝吐奶。如果宝宝表现出抵触行为,应立即停止按摩。

按摩时注意观察宝宝的身体状况。按摩时，宝宝身体多半是光溜溜的，可以更直观地发现宝宝的身体是否有异常，如身体两侧是否对称，移动宝宝时，手脚摆动是否正常、有无斜颈现象等，跟宝宝说话时，观察宝宝是否有听力问题，等等。

按摩时，家长要与宝宝有眼神、语言交流，有助于让宝宝更快地熟悉身体各部位的名称。妈妈在帮宝宝按摩时，可以边按摩边说出身体各部位的名称，例如，这是小肚子，这是小脚丫，这是小手手等，让宝宝渐渐熟悉这些部位。

糖糖妈育儿笔记

糖糖从2个月大时，我就经常用手掌轻轻地抚摩她的后背。再长大些，就用食指和中指沿着脊柱两侧上下推几遍。在八九个月大时开始正式地捏脊，有时候小家伙不配合，就只能沿用前两种手法，虽然简单，但对于婴幼儿来说也能起到按摩的作用。这种手法比较柔和，糖糖也很享受，通常躺在那儿都快睡着了。此外，糖糖还喜欢另一种"糖糖长长"的按摩游戏，自己仰卧在床上，大人把双手放在她的身体两侧，从肩膀一直捋到脚，虽然按摩的穴位没那么精准，但同样是一种放松筋骨的好方法。

注意宝宝尿液变化，它是疾病的风向标

这两天宝宝小便的颜色有点发黄，而且小便的量也减少了。这是怎么回事呢？要不要去医院看医生？

宝宝的尿液发黏，这种现象正常吗？

宝宝的尿液中有白色的悬浊物，是病了吗？严重不严重？

不少新手妈妈都会被这样的问题弄得手足无措。妈妈们的紧张可以理解，因为尿液的变化的确值得注意，甚至可能是某些疾病的征兆。因此，新手妈妈们要学会观察和分析宝宝的尿液，并掌握最基本的对策。

一般来说，婴儿尿液容易出现以下异常。

（1）发黄。婴儿尿液的正常颜色应该是微黄色，一般不染尿布，容易洗净。宝宝的小便发黄，有病理性的，也可能与食物、饮水量和出汗情况有关，家长要分别对待。

假如刚出生不久的宝宝小便发黄，染尿布，不易洗净，要考虑是否是黄疸，需尽快去医院做尿液检查，以防出现胆红素代谢异常。

较大的婴儿尿液发黄，同时伴有发烧、乏力、食欲明显减退，并有恶心、呕吐等表现时，有可能是肝功能发生异常，要尽快去医院检查。

如果宝宝服用维生素B、黄连素等药物，尿液颜色会呈橘红色，属于正常情况。

饮食中的胡萝卜素也会使尿色呈现棕黄色，不必在意。

如果排除疾病和食物的原因，宝宝的小便依然发黄，往往与饮水量、出汗情况有关，妈妈们要注意在宝宝活动量大、出汗多的情况下，及时给宝宝补充水分。

（2）尿量减少。如果宝宝尿量明显减少，家长要尽快分析症结，并对症进行解决。如果是因为饮水不足引起的，只要给宝宝补充足够的水分就行了；如果是因为呕吐、腹泻致使水分大量排出体外，引起尿量减少的话，会造成脱水和电解质平衡紊乱，家长要及时带孩子看医生。

（3）尿液变白。绝大多数宝宝尿液变白，不是病理现象，而是尿中的无机盐、有机盐结晶析出的原因，这与宝宝的肾脏还没有发育健全有关。宝宝出现结晶尿，家长不必着急，要分情况对待。如果小便刚尿出来的时候是淡黄色且清澈透明的，放置时间久了，尤其是在比较冷的天气里，尿液变成白色混浊状，是正常现象，家长不必在意，这是因为尿中的盐类在低温状况下结晶析出了；如果宝宝在尿末出现白色尿液，好像石灰水样，并且尿道有轻微不适症状，说明宝宝缺水了，平时只要注意多给宝宝喝水，保持足够的尿量，就不会出现结晶尿了。

需要特别提醒的是，如果宝宝的尿液变白，同时伴有其他症状，如发热、尿急、尿频、尿痛、排尿不畅等，家长要找医生检查一下，排除病理性的原因。如果尿液呈乳白色，甚至混有白色凝块或血液时，可能小便中有大量的脓细胞，一定要到医院做进一步检查。

（4）尿液变红或浑浊。宝宝出现这种情况时，有可能是尿路感染，也可能是血尿引起的。无论是什么原因，家长都应该尽快带宝宝去医院检查。

（5）尿布上有少量红色的小颗粒。如果宝宝的尿液没有问题，也没有不适现象，只是尿布上有少量粉红色或较红的结晶，家长不必紧张，这与血尿无关，而是尿中的尿酸结晶所致，夏天常常会出现这类情况。

（6）有异味。如果发现宝宝的尿有异味，很有可能是尿路感染引起的，应让宝宝喝足够的温开水，以清洗肾脏，同时尽快去就诊。

（7）发黏。婴儿尿液发黏主要与饮食有关，只有极少数是病理性的。婴儿的主食是母乳或奶粉，含糖量较高，而宝宝饮水较少，致使其尿液中的蛋白有机物及葡萄糖含量相对较多，当水分蒸发后会发黏，并无大碍，平时注意适当给宝宝喂些白开水即可。如果喂白开水没有效果，家长要带宝宝去做检测。

小常识：如何留取尿液标本

如果需要到医院检查，则家长要事先正确留存尿液标本，以免耽误时间。留取尿液标本要注意以下几个问题。

（1）尿液要新鲜，冬天放置6小时以上即发生腐败，夏天可存放的时间就更短了。

（2）存放容器要清洁、干燥。

（3）送检的尿液最好是清晨第一次的小便，以免因喝水、饮食等因素影响检查的正确性。

宝宝发高烧时，要注意呵护眼睛

宝宝发高烧时，爸妈最关心的是有没有退烧，却不会在意宝宝紧闭的双眼和增多的眼屎，以为这是宝宝太累了没有力气睁开眼睛。殊不知，宝宝发高烧会对眼睛产生影响，如果不注意保护，甚至会致盲。原因在于，发高烧会让身体消耗很大，并引发结膜、角膜感染，眼白充血，甚至是结膜下出血。如果任其发展，黑眼球就会变白而浑浊，严重的会引起失明。这样的情况在1~2岁的宝宝中比较常见。

那么，宝宝发高烧时如何呵护眼睛呢？

一方面，注意补充维生素A。在宝宝高热时，体内消耗很大，维生素A会供应不足。而维生素A缺乏会引起角膜软化，如果再加上细菌感染，就可能引起角膜软化甚至穿孔而致失明等不良后果。因此在宝宝发烧时候，除了药物治疗高烧以外，妈妈还要注意宝宝的饮食，多给宝宝吃一些富含维生素A的食物，如鸡蛋、牛奶、猪肝、胡萝卜等，以增加眼睛的营养。

另一方面，及时清洁眼睛。宝宝发烧时会产生很多眼屎，如果不及时清理，眼睛会受到细菌感染。因此，在宝宝发高热时，父母要经常用干净毛巾擦掉眼屎，然后滴些眼药水，以免角膜引起感染。妈妈还要随时注意宝宝的眼睛，发现有不正常的变化时，应尽快送医院诊治，千万不要耽误治疗时机。

小常识：家长如何简单检查宝宝的眼睛是否健康

平时家长应密切注意宝宝的眼睛健康，多注意观测宝宝眼睛的状况，一般可以从宝宝眼睛的大小、外形、位置、运动、光彩方面看出宝宝的眼睛是否正常。正常情况下，宝宝的眼睛应该明亮有神，眼球大小适中，活动自如，看上去灵气十足。如果宝宝的眼睛暗淡无光、混浊、不灵动，就不是健康的眼睛。

当宝宝3个月的时候，家长就可以测试一下孩子的眼睛。把玩具放在宝宝的眼前，如果宝宝没有反应，不去抓，就可能患有视神经萎缩；如果宝宝在看东西的时候，眼球经常偏向一侧，则说明宝宝可能患有斜视；如果夜间在暗处发现宝宝瞳孔内有白色的反光物，有点像猫眼，则应考虑患有视网膜细胞瘤，等等。总之，只要发现宝宝的眼睛有异常情况，就要立刻到医院医治。

婴幼儿秋季腹泻可能致命，要给予足够的重视

在所有的秋季病中，秋季腹泻是流行较广的小儿肠道传染病，几乎每年都有不同程度的流行，如果遇到大流行，几乎所有的婴幼儿都在劫难逃。患秋季腹泻的病程在一周左右，比一般腹泻的后果

更加严重,可致患儿脱水、电解质紊乱,在相对比较落后的地区,此病甚至可导致患儿死亡。因此,到了秋季,家长切不可掉以轻心,要保护好宝宝。

如何让自己的宝宝逃过一劫呢?预防是关键。为此,家长们要事先了解秋季腹泻的相关常识。

秋季腹泻多在11月以后爆发,多发生在2岁以下的婴幼儿中,呕吐、发热、稀水便等是其主要症状。

秋季腹泻是由轮状病毒引起的,传播途径主要有两个:一是粪口传播。患有秋季腹泻的患儿可从大便中排出大量的轮状病毒,如果宝宝接触了感染病毒的东西,又没有及时清洁,病毒就可能通过口腔进入体内,使之患上疾病;二是轮状病毒还可通过气溶胶形式经呼吸道感染传播。

认识到了上面两点,家长们就要在秋季腹泻流行的季节,有针对性地做好宝宝的肠道隔离和呼吸道隔离工作。

不要带宝宝到人多的公共场所去,避开感染病毒的可能。

远离患腹泻的孩子,也不要让宝宝吃病儿父母给的食物。患病毒的小儿一般在感染后1~3天开始排出轮状病毒,最长可排6天。如果身边有小孩子患了秋季腹泻,至少在一个星期内不要让自己的宝宝去接触。同样,如果自己的宝宝患病了,没痊愈前不要让宝宝接触别的孩子,不要热心地给别的孩子食物。

注意卫生。勤于清洁宝宝的玩具,以及能够触摸到的家具;爸爸妈妈喂宝宝吃奶或吃饭前,一定要仔细地洗手;宝宝的手也要经常清洗,吃东西前一定要洗手。

在疾病易发期,不要让宝宝吃生食、冷食,不要吃外售熟食,自己做的熟食也一定要确保没变质。

秋季正值换季期间,不要让宝宝过冷或过热,防止感冒。感冒会大大减弱宝宝身体机能的抵御能力。

在疾病流行期，可以适当给宝宝补充益生菌，保护肠道健康，从而起到预防秋季腹泻的作用，同时，益生菌也是治疗秋季腹泻的药物之一。

注射或口服轮状病毒疫苗。接种疫苗是预防秋季腹泻的有效措施，尽管不能完全免疫，但可以大大降低患病率。由于宝宝身体对轮状病毒的免疫时间持续较短，所以需要1~1.5年接种一次疫苗，接种时间在一年中任何时候都可以，一般接种后两周产生抗轮状病毒抗体。

婴幼儿缺铁性贫血，尽量不要吃药

缺铁性贫血是婴幼儿的常见疾病之一。除了先天不足的婴儿外，缺铁性贫血最常发生在6个月至2岁的婴幼儿中。原因在于，健康的宝宝（足月儿）在4~6个月以前，从母体继承的铁足以支持消耗。等到了4~6个月的时候，来自母体的铁储备基本耗尽，宝宝必须自己从食物中摄入足够的铁，以保证供应生血原料。因此，一旦妈妈给宝宝添加的食物中含铁量不足，就会让宝宝缺铁。

缺铁性贫血对健康的危害极大，因为参与人体代谢的很多酶含有铁，当人体缺铁时，会使这些酶的活性降低，导致人体多种代谢紊乱，从而影响多个器官的功能，如影响消化系统的消化和吸收功能、影响肌肉运动功能、导致智力发育障碍和免疫功能下降，使宝宝体弱，更容易感染疾病，等等。因此，家长在喂养宝宝时，注意铁含量的摄取至关重要。

多数家长在得知自己的孩子患了缺铁性贫血后，第一反应就是询问吃什么药。这种观点是不对的。要知道，用于治疗儿童缺铁性贫血的铁制剂不是营养补品，对胃有刺激性，吃多了反而不利于宝宝的健康。因此，如果宝宝只是轻度贫血，最好不要吃铁制剂，而是要通过食物来补铁。

下面就具体讲讲如何辨别和预防缺铁性贫血，以及有效补铁的饮食小窍门。

（1）如何判断你的宝宝是否缺铁？如果你的宝宝出现下面这些症状，就要考虑宝宝贫血了，需要尽快请医生检查一下。

患了轻度贫血的宝宝往往表现为烦躁不安，对周围事物不感兴趣，总喜欢依在妈妈怀里，虽然不厌食，但对吃的没什么兴趣。

如果宝宝的贫血程度比较严重了，除了上面的表现外，还会明显地看出宝宝面色、口唇、牙床皮肤黏膜苍白，缺乏血色，角质层周围的皮肤也显得没有血色；易疲劳，注意力、记忆力下降等不良反应。

一旦确诊，不要急着给宝宝吃补铁的制剂，最好的办法是多吃含铁量高的食物，必要的情况下，在医生的指导下配以铁剂治疗。

※服用铁制剂时，要注意配合维生素C服用，避免与钙片、牛奶、茶叶等同时服用。铁剂要远离儿童，避免儿童误服超量而引起中毒。

（2）哪些宝宝易患缺铁性贫血？出生体重越低，体内铁的总量越少，发生缺铁性贫血的可能性越大。这也是为什么早产儿比足月儿更容易患缺铁性贫血的原因。为了防止早产儿及出生体重过低的婴儿贫血，家长要在宝宝出生后不久就开始补铁：出生体重低的婴儿（体重低于2 500 kg）在出生2个月就要开始补充铁剂（每天2~3 mg/kg体重），极低出生体重儿（体重低于1 000 mg），出生后4周就开始补铁。

对于正常婴儿来说，在没有添加辅食前，喝配方奶的婴儿比母乳喂养的婴儿更容易缺铁，原因是母乳含铁量比牛奶和羊乳高，而且母乳中铁的吸收率（50%）比牛奶要高（10%）。另外，牛乳蛋白会损伤婴儿的胃,更加降低了铁的吸收率。因此,喝配方奶的婴儿,在没有添加辅食前,要注意配方奶中的铁含量,根据情况选择强化铁配方奶。

需要注意的是,如果哺乳妈妈本身缺铁,宝宝也可能缺铁,因此,哺乳妈妈要注意饮食中铁的摄取。

正常婴儿在出生6个月以后就要添加含铁丰富的辅食,否则有可能发生贫血。如果已经缺铁,则需要短时间补充含铁营养素。具体如何操作,应该咨询一下医生。

(3)巧妙搭配食物,有助于增加食物中的铁吸收率。在常见的食物中,含铁量最高的是黑木耳、海带、猪肝等,其次是瘦肉类、蛋类、豆类。相比较而言,人体对蔬菜、粮食、蛋类中铁的吸收率较低,仅为1%,对肉类中的铁吸收率较高,可达10%~22%。

同时,不同食物搭配也会改变铁的吸收率,比如:植物和肉类一起吃可增加植物中铁的吸收率;维生素C、维生素A可促进铁吸收。而茶、咖啡则会阻碍铁的吸收,有些家长在夏天喜欢给婴儿喝凉茶,这个习惯非但不利于铁的吸收,还会引起腹泻。

糖糖妈育儿笔记

糖糖在2周岁后检查出缺铁,开始时也想着给她食补,但糖糖饭量小,含铁量高的食材吃得又少,最后还是选择了补充铁剂,药量选择最小剂或是直接减半,放在奶粉里冲好拿给糖糖喝。断断续续大概补了半年,再去复查后,微量元素中铁含量就上来了。建议太小的婴儿不要服用铁剂,除非是严重缺铁,才有必要在医嘱下服用。

需要提醒宝妈的是，宝宝在服用铁剂后排出的便便颜色呈黑色，宝妈们不用担心，在停用铁剂后，大便的颜色就会恢复正常了。

婴儿发黄不一定是重病，但要积极干预

我家宝宝出生7天开始有黄疸，到了第16天依然没有消退，吃了医生开的口服液后，宝宝明显退黄了，但是过了不久，宝宝又变得有点黄了。再次去医院，医生建议查血，但是因为宝宝太小，头上挨了一针没抽出血来，最后只能继续吃茵栀黄。可是观察一段时间后，宝宝还是黄。宝宝一直是纯母乳喂养，吃奶正常，不想停奶，可是不停吧，宝宝还是有点黄，虽然医生说没事，但我们还是觉得别扭。该怎么办呢？

我家宝宝在月子里时黄疸退去之后，大约10天的时候宝宝又黄了。带宝宝去医院检查，抽血化验一切正常。回家后停了3天母乳，宝宝一下变白了，再测黄疸基本没有了，于是我又很开心地喂上了母乳，可是没多长时间，宝宝又有点黄了。医生建议给宝宝照蓝光，可是我听说蓝光对宝宝健康有影响，不敢照。唉，怎么办呢？

像这两位新手妈妈一样受新生儿黄疸困扰的人不在少数。婴儿产生黄疸的原因是体内血清胆红素水平高且没有及时排出体外所造成的，外在表现就是宝宝全身发黄，有时候，连巩膜都是黄的。许多新手妈妈看到宝宝这种"恐怖"形象，往往方寸大乱，带着宝宝四处求医，甚至不听医生的意见，让宝宝又吃药又抽血的，弄得自己和宝宝都苦不堪言。

事实上，婴儿黄疸非常容易出现，如果自己的宝宝患了黄疸，爸爸妈妈不要手足无措，而是要冷静地分析应对。

（1）当宝宝出现黄疸时，必须找幼儿专科医师鉴别。一旦发现是病理性高浓度胆红素，一定要尽快治疗，否则对神经系统的损害可发展为永久性损害，严重者会致宝宝丧失听力、智力落后，甚至患上舞蹈手足徐动症。

（2）要冷静判断是否需要服用药物。婴儿黄疸有生理性和病理性两种，多数婴儿黄疸是生理性的，不会影响发育，不必治疗就会消失。而病理性黄疸也并非都对宝宝有影响，只要找对方法，往往很容易消除。比如上面两位宝宝患的是母乳性黄疸，只要停止母乳喂养一段时间就会痊愈。

※现在的宝宝在胎儿期的营养充足，出生后又会马上开奶或者喂配方奶，加快了胆红素排出体外的速度，所以，现在的新生儿不再出现黄疸才是正常现象。

（3）由于黄疸毕竟是异常情况，即使是不需要特别治疗的生理性黄疸，家长也要注意监测黄疸的进展状况和严重程度，尤其是早产儿，以免发展成核黄疸，损伤宝宝大脑。病理性黄疸则更要积极干预，绝对不能任其程度加重，否则高浓度黄疸会渗入宝宝的脑细胞，损害脑部神经功能。

一般来说，无论宝宝是生理性黄疸还是病理性黄疸，当出现以下任何一项情况时，就需要立刻送医院进行观察。

宝宝在出生24小时之内出现黄疸，属于病理性黄疸，需要住院观察。

患病者为早产儿，且黄疸程度比较重。

黄疸迅速加重，或者减轻后又再次加重。

黄疸指数太高，达到15 mg/dL，超过生理黄疸的水平；或者黄疸指数上升速度太快，一天增加5 mg/dL以上，都是病理性黄疸的信号，需要就医。

足月儿出生后2周黄疸仍未消退，早产儿生后4周仍未消退。

生理性黄疸持续的时间太长。一般生理性黄疸持续的时间是7～10天，如果超过1周仍未有减轻的趋势就要注意了。

黄疸患儿精神欠佳，反应低下，不爱吃奶。

患儿手心、脚心黄疸非常明显，巩膜颜色如黄梨一般。

患儿嘴唇、面色呈紫红色。

患儿在患黄疸的同时伴有以下任何一种情况都要就医：

腹胀，大便发白或呈陶土色；

伴有脐部发炎；

伴有皮肤脓包；

肤色发暗，无光泽，呈暗铜色；

妈妈在孕期优生项目检查时曾怀疑或诊断有胎儿宫内感染；

父母一方患有传染性肝炎；

当患儿是A型或B型血，妈妈是O型血；或者婴儿是RH阳性血型，妈妈是RH阴性血型，或者母子都是RH阳性血型时，宝宝产生的黄疸是溶血性黄疸，属于病理性黄疸，必须就医。

※为了能够及时发现宝宝肤色变化，不要把婴儿房的光线弄得很暗，白天要有自然光照进来。

小常识：生理性黄疸和病理性黄疸的辨别

1. 生理性黄疸

新生儿黄疸分为生理性黄疸和病理性黄疸。生理性黄疸也称为暂时性黄疸，最常发生在新生儿出生72小时后，原因是新生儿出生后，过多的红细胞碎裂，释放出大量的胆红素。由于新生儿肝脏处理胆红素的能力较低，胆红素无法大量从尿和大便中排出，当血中的胆红素超过一定浓度时,全身皮肤、巩膜、手足心等就会发黄。之后,随着宝宝排出胎便和数次小便后,胆红素也会随之排出,黄疸症状会在出生7～10天后自然消退。一般来说,早产儿黄疸发病率要高于足月儿。

新生儿生理性黄疸不需要治疗,但也应进行积极干预,如可以在医生的指导师下进行护理。如有需要,也可以在医生的建议下服用去黄的中药。尽早哺乳可以让新生儿不出现或尽快消除生理性黄疸。

2. 病理性黄疸

病理性黄疸是由疾病导致的,发病率很低,发病原因很多,主要有以下几种。

母婴血型不合溶血病引起新生儿高胆红素。这种疾病是由于胎儿身上有妈妈所缺乏的血型抗原所致,主要包括ABO血型不合溶血病和RH血型不合溶血病两种。其中,ABO溶血病发生于妈妈是O型,婴儿为A型或B型的母子之间;RH血型不合溶血病发作于妈妈是RH阴性血型,婴儿是RH阳性血型的母子之间,有时候,母子都是RH阳性血型也可能发生。

ABO型溶血病发病大多较轻,积极治疗后的预后通常良好;RH血型溶血病发病率很低,但是病情较重,需要医生的专业治疗。由于RH血型溶血病多在胎儿期发病,因此目前已经列为孕期常规检查项目。

3. 母乳喂养性黄疸

母乳喂养性黄疸,也叫母乳性黄疸。这种黄疸非常常见,多见于新生儿出生后3～4天,主要是因为热量摄入少、饥饿和脱水所致。这种黄疸不必刻意治疗,只要增加哺乳次数就可有效降低血清胆红素水平。

这种黄疸通常于新生儿出生后4～7天出现,有早发性和迟发性之分。一般早发性母乳性黄疸在宝宝出生后两三天就出现,与开奶晚、喂乳量不足及新生儿排出胎便较晚有关，一般通过新生儿频繁吸吮，黄疸可逐渐消退。由于早发性母乳性黄疸与生理性黄疸同时出现，两者几乎难以区别，因此往往还没有确诊，就已经消退了。

让妈妈们心焦的往往是迟发性母乳性黄疸。这种黄疸通常在宝宝出生后1个星期后逐渐出现，比生理性黄疸持续时间长，可持续2～3星期甚至两三个月后才逐渐消退。假如家长无法确定是否是母乳性黄疸，可以停几天奶看看宝宝黄疸是否减轻，也可以把母乳加热56℃再冷却喂孩子，如果宝宝吃几天后，黄疸明显减轻，就可以断定是母乳性黄疸。

当宝宝出现母乳性黄疸时，如果没有异常表现，生活规律正常，身高、体重均正常，便不必停喂母乳，可采取多次少量的母乳喂养的方法（每天喂奶次数最好在10次以上），同时密切观察患儿的黄疸及一般状况、吃奶及体重增长情况，假如黄疸没有加重，可以继续吃母乳。假如黄疸加重，胆红素过高（公认标准是>257μmol/L，即15 mg/dl），应该暂时停用母乳，用其他配方奶代替，或者用药物及光照干预。停奶常用的处理方法是：停吃母乳2天以上，等黄疸症状缓解后，再恢复母乳。由于血清胆红素浓度降低需要时间，因此，在停止母乳喂养时，宝宝的黄疸不会有明显下降，这时妈妈不要着急，要耐心等待。恢复母乳喂养后，如果宝宝黄疸再次明显，妈妈也不要着急，再耐心等待一两天，如果黄疸没有明显加重，便不需要再次停喂母乳。有的宝宝停一次母乳就没事了，有的需要间断停母乳几次。需要注意的是，为了防止母乳回奶，在停乳期间，妈妈要用吸奶器吸奶。此外，对于母乳性黄疸婴儿，切不可彻底停止母乳，改为人工喂养。

咳嗽不一定是病，不要随意强制镇咳

有些新手爸妈一看宝宝咳嗽了，就想到是不是病了。其实咳嗽只是一种症状，而不是疾病，可能是由某些疾病引起的，也可能与疾病无关，只是一种应急反应，比如唾液呛着了、溢乳、喉咙干燥，等等。

在这里还要特别强调的是，有些医生喜欢把孩子咳嗽往哮喘上靠，事实上，这些医生所断言的"哮喘"并不真的是哮喘。要确诊哮喘，不能只凭医生的经验判断就可以了，而是需要做肺功能检查。

（1）如果宝宝的咳嗽情形如下，不预示着疾病。宝宝偶尔发出几声咳嗽，除此之外，没有其他任何异样，最大的可能是唾液呛到气管了，也可能是有食道反流的宝宝，吃奶后，奶液反流到咽部时，会厌软骨没来得及覆盖住气管而发生了呛咳。

宝宝在吃奶后、被逗着玩时、大哭时咳嗽，多是由于唾液或食物反流引起的。

如果宝宝所处的环境干燥，又不爱喝水，便会经常出现咳嗽。

宝宝把手放在嘴里时，也会引起反射性干呕、咳嗽。

（2）很多疾病都可引起咳嗽。最常见的是呼吸系统疾病，如感冒、气管炎、哮喘、肺炎、鼻炎、咽炎，等等。当宝宝出现下列情形的咳嗽时，则说明是生病了。

咳嗽伴有流涕、喷嚏或发热，可能是感冒了。

咳嗽伴有喉咙中有痰鸣声，或伴有气喘或发热，可能患了气管炎、咽炎等呼吸道感染病症。

咳嗽伴有气促、憋气、痰鸣，可能患了毛细支气管炎或肺炎。

咳嗽呈小鸭子叫声，可能患了咽后壁脓肿。

咳嗽呈小狗叫声，可能患了急性喉炎。

咳嗽经久不愈，可能是过敏性咳嗽，需要警惕支气管哮喘。

长期咳嗽，且伴有流脓鼻涕、说话鼻音重、头痛、嗓子痛、干咳等症状，尤其是在睡觉前或晨起后咳嗽，可能与咽炎、鼻炎、鼻窦炎、扁桃体炎等五官科疾病有关。这种咳嗽要特别注意，一般来说，宝宝看病都去儿内科，假如宝宝出现这种咳嗽时，要想到是五官疾病，最好带宝宝去看看耳鼻喉科。

（3）不要强行镇咳。当宝宝患感冒、气管炎或肺炎等疾病时，会持久咳嗽，这时家长就非常着急，恨不得跑遍大大小小的医院和药店，找到让宝宝马上止咳的灵丹妙药。其实，咳嗽是一种保护性反射动作，通过咳嗽可以把呼吸道中的"垃圾"清理出来，对宝宝病情有好处。如果医生说宝宝咳嗽几声没什么问题，家长就不必过于担心，一般等天变暖了，咳嗽自然就好转了。假如强烈镇咳，呼吸道中的炎性物质咳不出来，堵塞呼吸道，结果更糟糕。

当然，并不是说所有咳嗽都不需要止咳，当宝宝出现下列情况时，就必须止咳。

假如宝宝是干咳，说明呼吸道内没有"垃圾"，那么通过咳嗽清除垃圾的意义就不存了，咳嗽只能使咽部、气管内膜充血、水肿，此时就需要止咳治疗。

宝宝咳嗽剧烈，引起呕吐，使原本受损的呼吸道发生水肿，甚至有点状出血，这时就必须用止咳药止咳。

如果宝宝长期咳嗽，咳嗽中枢持续处于高度兴奋状态，此时咳嗽应积极进行止咳治疗。

假如咳嗽已经影响到宝宝的睡眠和进食，就需要止咳治疗。但是家长要明白，止咳只是辅助治疗，是治标不治本，重点还是要寻找引起咳嗽的疾病，然后对症治疗。

经久不愈的咳嗽往往与呼吸道疾病有关，治疗重点是对呼吸道黏膜的保护、修复及功能的恢复上。在药物治疗的同时，家长要注意在环境和饮食方面进行辅助治疗，给宝宝多喝水，吃一些止咳清痰的食物，饮食要清淡，保持室内空气温度、湿度适宜，保持空气新鲜，减少室内灰尘，尽可能减少外部环境对呼吸道的刺激，帮助呼吸道内膜功能的恢复。

宝宝肚子疼可轻可重，最好去看医生

婴幼儿肚子疼是非常常见的现象，有可能只是肚子胀气，揉一揉就可以了。但也有可能是与疾病有关，如果不及时就医，就可能危及生命。比如暴发性心肌炎就是以肚子疼为首发症状的，如果发现后不及时就医，很可能来不及就诊就枉送了性命。再比如肠痉挛、蛔虫病、痢疾、肠套叠、阑尾炎等疾病都会以肚子疼为症状，如果不及时就医，也会导致不良后果。

可见，导致肚子疼的病因复杂，家长不可掉以轻心，当宝宝肚子疼时，不能随便揉一揉了事，一般要进行多方面的综合判断。如果只是单纯的腹胀，可以自行缓解。假如无法确定是否还有其他病因，就一定要去医院检查一下。

特别要强调的是，在没有确定宝宝肚子疼的原因前，切不可随便按摩、热敷宝宝腹部。有些腹痛越按摩、越热敷越痛，比如盲肠炎所致的腹痛。

由于小孩不会表达，新手妈妈要注意观察自己的宝宝是否有肚子疼的情况。一般来说，宝宝肚子疼就会哭闹、易烦躁、哄不好,这种哭闹和普通的哭闹不一样,经常和宝宝在一起的家长都能听出来。

判断宝宝是否需要就医,首先要辨别宝宝是肚胀还是肚子疼,如果是轻微肚胀,家长可自行解决;如果是严重肚胀或疾病引起的肚子疼,就必须就医。

一般肚胀的宝宝哭的时候挺肚子,两腿乱踢,这时,家长敲敲宝宝的肚子,会发出嘭嘭的声音。肚胀是宝宝肚子疼的最常见原因,如果症状较轻,则不必就医,妈妈可以用热水袋帮宝宝捂捂肚子,用手掌顺时针按摩宝宝的腹部直到放屁为止,这样就可以缓解了,还可以贴一贴丁桂儿脐贴。如果症状严重,要及时就诊。

假如宝宝哭闹严重、两腿乱蹬、身体蜷缩,这就是肚子疼了。假如宝宝还伴随有其他症状,比如大便异常、恶心、呕吐等,就说明与疾病有关,一定要及时就医。

小常识:与肚子疼有关的常见疾病

胀气。如果一个婴儿每次就餐后就哭闹,排除没吃饱、配方奶太凉了、奶嘴开孔大小不合适引起的呛奶或吸吮困难,或者妈妈的母乳不足引起的吸吮困难,或者奶水太冲引起的呛奶等原因外,最可能的原因是胀气或者肠蠕动太剧烈引起的腹痛。伴随着胀气的症状可能还有:轻微地呕吐、肚子有些鼓、便秘。如果宝宝出现非典型胀气疼痛的症状,诸如呕吐(超过好几口才算)、脸色苍白、肚子鼓胀、拉肚子(两餐间多次解稀便)、发育不良或因剧痛而突然哭喊,一定要去医院了解原因,简单的按摩不足以解决问题。

一般来说,引起宝宝胀气的主要原因在于饮食,包括哺乳妈妈或宝宝吃太多易产气的食物,如全麦面包、牛奶、豆类或花椰菜等,妈妈吃饭时狼吞虎咽,或者宝宝吃奶时吸进太多的空气都会使婴儿胀气。

盲肠炎（阑尾炎）。 此病较易在刚学步及稍大的孩子身上出现，急性患儿会感到右下腹突然产生强烈疼痛，慢性患儿的痛感可持续数小时，疼痛的强度慢慢由弱变强。由于刚刚学步的婴儿暴发盲肠炎时，要么症状轻微、不明显，要么类似急性腹痛，即使是医生，也不能直接诊断出来。因此，当宝宝右腹部出现疼痛时，家长切不可急着按摩，或者给孩子吃喝东西，要尽快带孩子去看医生。

急腹症。 腹部绞痛或持续剧烈腹部疼痛并伴随着呕吐、脸色苍白及腹壁内侧僵硬紧绷的疼痛，孩子的肚子摸起来像硬板块，这可能是急腹症。如果不及时救治，是会致命的。

肠套叠。 如果宝宝突然哇哇大叫或尖声哭泣，并且常常伴有呕吐，但没有出现腹壁僵硬的症状，并且在数个小时之内没有好转的征兆，这种症状有可能是肠套叠，即一段肠子滑进邻侧的肠子内，大肠套小肠的情况。如不及时就医，同样会致命。

肠绞痛。 肠绞痛的症状是突然在肚脐部位感到疼痛，疼痛通常会在一个小时内逐渐消失，也有可能复发。患病的宝宝会因为疼痛难耐而自动躺下休息，脸色发白。此病很难确定疼痛的具体部位，因此比较难确诊，只能在排除其他可能的导因后才能确定。一般来说，如果肠绞痛能够尽快确诊，便不会引起严重的后果，只要家长给宝宝做4~6周的腹部温热敷，便可改善症状。

尿道感染。 尿道感染会引起腹部或背部疼痛，排尿时，尿道有灼热感，有时还会发烧，出现脸色苍白、有气无力、食欲不振、突如其来的尿床等症状。如果尿道感染不及时治疗，就有可能演变成慢性病，对肾脏造成严重伤害，因此要及时进行诊断和治疗。判断宝宝腹痛是否与尿路感染有关，可以观察宝宝是否憋尿。因为尿路感染会让宝宝在排尿时产生灼热感，致使宝宝宁可憋尿。家长一旦发现宝宝有憋尿及腹痛的症状，就应该尽快带宝宝去做尿液检查。

对于患病的宝宝可以热敷膀胱部位以舒缓疼痛。

流感和发烧早期。腹痛是流感的先兆，发烧早期也会有腹痛，这种腹痛没有特定的疼痛部位。等宝宝开始发烧了，最初的腹部疼痛通常就会消失。因此，如果能及时判断出流感前的腹痛，对于治疗有一定帮助。

蛔虫、蛲虫等寄生虫引起的腹痛。虽然现在蛔虫已经不太常见了，但家长们也不能掉以轻心。蛔虫的传染途径是借由生冷的食物，或由含有蛔虫的排泄物施肥成长的生菜而传播。当蛔虫进入人体内后，从肠子经由肝门静脉、肝、心脏进入肺部，大约在肺部停留七天后穿破肺泡，又通过支气管及咽头再次回到肠子，并在此长大成虫，最后出现在粪便里。当蛔虫在体内进行漫长而复杂的旅程时，孩子会产生许多不同的症状，包括腹痛、过敏反应。因此，当宝宝长时间肚子疼，又找不出什么原因时，家长要考虑到可能是肚子里有寄生虫了，应尽快带宝宝去医院检查。

蛲虫寄生在直肠，晚上会在肛门外产卵，引起瘙痒，有时会在屁股形成湿疹，所以感染了蛲虫的宝宝通常会在半夜哭闹，用手抓挠。没有经验的家长往往会误以为宝宝是肚子疼，结果手忙脚乱地又揉肚子又喂水，却不起作用。检查有没有蛲虫非常容易，晚上宝宝哭闹时，可以看看肛门处是否有细线状的东西，也可以在早上用透明胶带贴一下宝宝未清洗的肛门口，再转黏于显微玻片上送检。

其他原因造成的腹痛，比如剧烈运动、腹泻、发烧的早期阶段、糖尿病早期、腹部淋巴结肿胀、高酮/酮类血性呕吐症开始前，以及精神过度紧张或心理压力都会造成腹痛。

哪些宝宝易缺钙？如何判断宝宝是否缺钙？

虽说绝大多数宝宝只要饮食合理，就不会缺钙，但是也有少数宝宝确实缺钙。在解释标题所述的问题之前，我们先来看看哪些宝宝容易缺钙。

早产、肝脏、肾脏等病理原因都会导致婴儿先天性缺钙。

妈妈在孕期缺乏维生素D，导致宝宝维生素D储备不足，从而影响钙吸收。在此提醒妈妈们，无论是在孕期，还是分娩后，都要多进行户外运动。

哺乳妈妈在生产后急于恢复体型，节食减肥，导致自己缺钙，宝宝也缺钙。

缺乏阳光照射的宝宝，包括：白天户外活动少的宝宝；生活在高纬度地区、冬季无法获得充足日照的宝宝；所处环境污染严重，紫外线受阻，或者家里采光不好的宝宝；整天被衣物裹得严严实实，皮肤接触不到阳光的宝宝。

过早添加辅食，以此取代母乳的宝宝，由于很多固体食物缺乏钙或影响钙的吸收，因此会导致缺钙。

即使是以上容易缺钙的宝宝，也不能在没有确诊之前就盲目补充钙剂。要判断宝宝缺钙，要看是否有缺钙的临床症状，同时还需要化验骨碱性磷酸酶、血钙磷镁的比值、骨密度或腕骨X片。如果宝宝有缺钙的症状，家长要带宝宝去医院检查，只有检测数据表示确定宝宝缺钙，才能够在医生的指导下服用钙剂。不少妈妈只是通过感觉或别人的建议就给宝宝补钙，往往因为判断失误而做了无用功，比如下面这两位妈妈。

有位妈妈问我:"我女儿快8个月了,最近一段时间不肯睡觉,每天晚上都要哭闹很久才能睡着。有时候看她困得睁不开眼了,可是抱起来一哄,她就开始没完没了地大哭,白天黑夜都是,也没得什么病,平时玩的时候也没事儿,是不是缺钙了?"

经过仔细的查看和询问,我看到宝宝已经可以扶着墙走路了,没有缺钙症状。就问妈妈,最近孩子的生活是否有什么变动,或者是否情绪上受了刺激,以至于罢奶、罢睡?果然,妈妈说宝宝在姥姥家住了一个月,刚刚回到自己家里,有些不适应环境变化。

还有位妈妈问我:"宝宝出生时有一头浓密的黑发,可是剃了胎毛后,再长出来的头发就变成浅棕色的了,而且在脑后渐渐出现了'枕秃'。身边许多妈妈都说这是缺钙,需要赶紧吃钙片,是这样吗?"

经过我的询问和观察,发现宝宝并没有缺钙的症状,吃饭、睡觉正常,而且比正常宝宝早萌出乳牙,之所以出现枕秃,只是因为夏天太热,睡觉时正常脱发形成的。

要判断宝宝是否缺钙(缺乏维生素D),至少要有以下体征和数据才能确诊。需要强调的是,仅靠以下出现的体征并不能确定宝宝是否缺钙,必须有检测数据做支持才可以确诊。

易惊、多汗、易躁:睡眠不踏实,有一点动静就惊醒,一次睡眠可能醒很多次;没有缘由地出汗,稍一活动就大汗淋漓,睡觉时出汗尤甚,衣服、头发常常被汗湿;动不动就发脾气、哭闹,非常闹人。

脱发、枕秃;颅骨改变,出现方颅、马鞍颅、臀形颅(颅骨前额部宽大,两端隆出,失去原有的圆弧形前额);囟门大,闭合延迟;胸廓改变,形成鸡胸、串珠肋、肋缘外翻、赫氏沟等;手腕部变形，出现手镯形变形；腿部变形，出现O型腿、X型腿。

化验结果：缺钙初期，血钙可能降低，钙、镁、磷比例可能失调，但很快会在甲状旁腺素的调节下恢复到正常；骨碱性磷酸酶会升高；骨密度降低，Z值下降；腕骨X片可发现，尺桡骨干毛坯端刺样改变，骨小梁模糊，呈杯口样改变。

小常识

1. 容易被误认为缺钙的体征

是不是当宝宝出现与缺钙相似的体征时，就一定是缺钙呢？不是的，两者并没有双向认证的关系。也就是说，当宝宝出现缺钙的体征时，并不一定是缺钙，可能是因为别的原因。一般来说，最容易让家长误以为宝宝缺钙的现象有下面几个，妈妈们要注意区别。

（1）枕秃、头发黄不一定是因为缺钙，可能仅仅是因为宝宝睡觉时爱出汗，又在枕头上蹭来蹭去，把头发蹭掉了。头发黄则可能因为缺乏黑色素或者天生的。

（2）多汗、烦躁、易惊、睡不踏实不一定是缺钙，有可能是鱼肝油吃多了，维生素A中毒所致。维生素A中毒与维生素D缺乏症状很像。也可能是宝宝穿多了、天太热了、受到惊吓了、环境变换了等原因造成的暂时不适引起的。

（3）出牙迟不一定是缺钙。一般情况下，宝宝出生6个月开始萌出乳牙，但有些宝宝迟到10个月，甚至到了1岁才开始萌出乳牙，这是正常的个体差异。

（4）头大、囟门大不一定缺钙，可能仅仅是个体差异而已，同样，也不能因为宝宝囟门小了，就认为是维生素D补多了。

（5）厌食不一定是缺钙。一方面，妈妈眼中的厌食可能并非厌食，而是宝宝食量本就小；另一方面，厌食可能是因为环境变化、不舒服等诸多原因造成的。

（6）鸡胸、方颅、肋缘外翻不一定是缺钙。宝宝脑袋大也许是先天的正常体征；所谓的"鸡胸"可能只是宝宝太瘦，或者是体格异常所致；所谓的"肋缘外翻"可能只是因为太瘦，或者是长时间偏向一侧睡觉，看起来像肋缘外翻而已。

（7）血钙低不一定是缺钙。钙代谢的最终目的就是使血钙和骨钙保持稳定和平衡，由于骨钙相对稳定，血钙的波动较大，因此，不能根据宝宝血钙的高低决定宝宝是否需要补钙和维生素D。

总之，如果宝宝发育正常，吃得多，睡得足，就不会缺钙。当宝宝身体发育正常，却出现疑似缺钙症状时，首先要想一想，孩子哭是不是什么事情让他不高兴了？不好好吃奶是不是因为肚子胀气不舒服？爱出汗是不是因为穿的衣服或盖的被子太多太厚？

2. 如何选择钙制剂

市场上的钙制剂五花八门，宣传更是做得各有千秋。总体来说，具有含钙量高、溶解度（水溶性）大、肠道吸收度高、生物利用度好、重金属含量低五个特点的钙算得上好钙。具体使用时，这五个特点还要与宝宝的具体情况配合起来进行判断。比如碳酸钙形态的钙吸收率最高，可达40%，接近牛乳，而乳酸钙和醋酸钙的吸收率只有32%，但是，因为婴儿胃酸少，碳酸钙吸收需要较多的胃酸，所以婴儿选用乳酸钙更好。

钙制剂分为无机钙和有机钙。有机钙主要有：葡萄糖酸钙、乳酸钙、醋酸钙、柠檬酸钙、果糖酸钙等。无机钙主要有：碳酸钙、磷酸钙、氯化钙、氧化钙、氢氧化钙、磷酸氢钙等。无机钙和有机钙各有千秋，很难说哪个好、哪个差。

不同形态的钙剂，吸收率也不相同。常见钙制剂的吸收率由高到低依次是：碳酸钙，吸收率可达40%；乳酸钙和醋酸钙，吸收率为32%；柠檬酸钙，吸收率为30%；葡萄糖酸钙，吸收率为27%。而同一种形态的钙，根据宝宝的情况不同，吸收率也会不同。如在钙的营养正常情况下，碳酸钙的吸收率一般都是40%，但是，如果宝宝体内的钙含量过低，则吸收率可能达到75%～85%。

钙制剂都不易溶解于水，吃进胃里后，都必须先由胃酸活解转变成活性钙（离子钙）后，才能吸收，进而发挥生理功能。所以，不存在所谓的活性钙。

婴幼儿缺钙，多数是缺维生素D，晒太阳是关键

宝宝缺钙有两个原因：一是绝对缺钙，二是相对缺钙。绝对缺钙是钙的摄入量不足，相对缺钙则是钙的吸收利用有障碍。对于大部分婴儿来说，缺钙实际上就是相对缺钙，也就是说，摄入的钙量是够的，只是身体吸收利用的能力太差。影响钙吸收的最大营养物质是维生素D，因此，严格来说，多数宝宝缺钙，其实是缺维生素D。

维生素D是一种类固醇激素，它的主要作用是促进小肠对钙和磷的吸收，维持血液中钙、磷的正常含量，促进骨骼矿化。如果维生素D不足，就会导致体内钙、磷缺乏或钙磷比例不合适，或者两者兼而有之，从而引发佝偻病、骨质软化等疾病。

有妈妈问我："我家宝宝出生后，医生说缺钙，所以一直在补钙。可是都补了大半年了，去医院检查，医生还是说缺钙，这是怎么回事啊？"我问："补维生素D了吗？"妈妈："没有一直补，每周喂一两粒依可欣，半年下来吃了30多粒吧。"我又问："平时

带宝宝户外活动时间多吗？"妈妈："天热的时候会出去一会儿，天冷了就很少外出了。"

这个宝宝缺钙其实就是典型的相对缺钙，因为体内没有足够的维生素D，补再多的钙也没用，不但浪费药源，还会引起宝宝便秘。

婴幼儿获取维生素D的方法主要有三个：一是出生前的存储；二是日光照射；三是服用维生素D制剂（多以维生素AD混合制剂的形成出现，因为维生素A也参与骨骼代谢过程，且维生素A也是婴幼儿易缺乏的营养物质）。

对于出生后前两个月的宝宝，如果是母乳喂养的，只要母亲在孕期没有患维生素D缺乏症，正常的足月儿体内的维生素D存储足以保障小宝宝在出生后两个月内即使缺乏日光照射，也不会缺乏维生素D。人工喂养的婴儿只要摄入足够的强化维生素D的代乳品，且日光照射充足，也可以保障得到充足的维生素D。

当宝宝体内的维生素D储备消耗殆尽后，就需要从食物和环境中补充维生素D。比起服用制剂，晒太阳是补充维生素D最好、最安全、也是最有效的方法。只要每天让宝宝晒0.5～2小时的太阳，就足以保障他不会患上维生素D缺乏症，即他也不会缺钙。不少缺钙的孩子是因为父母过于娇惯，不敢带孩子出门晒太阳，导致维生素D缺乏。

需要注意的是，维生素D需要在紫外线直接接触皮肤后才能生成。如果在室内关着窗户晒太阳，太阳光无法直接接触宝宝的皮肤，晒再长时间太阳也没用。室外完全背阴的地方也不能帮助宝宝获得充足的维生素D。

有位妈妈问我："医生说每天让宝宝晒太阳就不用补维生素

AD了，可是，我一直让宝宝晒太阳，但没有效果啊，宝宝还是缺钙！"

我问："是在室内晒的，还是室外晒的？"

妈妈："室内。"

我又问："晒太阳时开窗户了吗？"

妈妈："没有，夏天时怕阳光太强，晒伤孩子，天冷了又怕冻着孩子。"

许多家长跟这位妈妈一样，虽然每天让宝宝晒太阳，却是知其然不知其所以然。要知道，阳光中的紫外线才是获取维生素D的重要因素，只有让皮肤直接接触阳光，才能起作用。如果让宝宝隔着玻璃窗晒太阳，紫外线被挡在玻璃外了，晒了也白晒。同理，不要给宝宝戴着帽子和手套去晒太阳，而是应该尽量将皮肤暴露在外，否则也起不到太好的效果。

一般来说，6个月以下的婴儿不宜直接暴露在强烈的阳光下，为了防止晒着宝宝，家长可以在阳光充足的午后带宝宝在树荫下晒太阳，或者外出时作好遮阳措施。在室内晒太阳时，也要避开阳光最强烈的时间。

事实上，婴幼儿体内维生素D的量、钙的量有多少与年龄关系不大，而是由季节和晒太阳的时间长短所决定的。

一方面，日照时间越长，维生素D越不缺乏。前面说过，许多宝宝，包括成人，缺钙的主要原因是缺乏促进钙吸收的维生素D。人体出生后维生素D的来源有三个：食物、日光照射，以及食用维生素AD制剂。其中，日光照射的作用尤其重要。如果日照不足，人体自身的维生素D的转化量就少，反之，阳光照射充足，体内维生素D的量就会充足。按照这个规律，夏季的日光时间长，宝宝体内可以通过日照转化的维生素D就多，一般情况下，宝宝在夏季不必再刻意补充维生素D。春、秋、冬三季日照时间短，宝宝体内通过阳光照射转化的维生素D少，这时就需要通过食物或制剂来补充维生素D。冬季因为晒太阳的时间短，所以要比春、秋季多补充一些。

另一方面，年龄越小的宝宝，需额外补充的维生素D越多。大多数家长以为婴儿越小，对维生素D的需求越小，于是不太注意维生素D的摄取情况。却不知道，这种想当然的认知大错特错，与正确的观点恰好背道而驰。

原因在于，婴儿期的宝宝对维生素D的需求量相差不大。而婴儿以乳类为主，月龄越小，能吃的食物越少，从食物中获取的维生素AD的量也就越少。加之宝宝越小，户外晒太阳的时间相对越少，自身通过照射转化维生素D的量也较少。种种因素叠加，就使得宝宝越小，需要额外补充的维生素D反而越多。比如，新生儿出生后2周，每天需补充维生素D 400 U，42天后，每天只需补充300 U，4个月后，因为可以添加辅食了，所以每天则只需补充200 U。

小常识

1. 晒太阳时宜穿红色衣服，不宜穿黑色衣服

给宝宝晒太阳时，最好穿红色服装，少穿黑色衣服。因为红色服装的辐射长波能"吃"掉阳光中杀伤力很强的短波紫外线，而黑色服装没有这个功能，反而会大量吸收热量，让宝宝不舒服。

2. 冬天阳光的紫外线更强，外出晒太阳要选对时间

冬季太阳不如夏天强烈，会让人产生错觉，以为冬天的阳光比夏季的杀伤力弱。其实，冬季的大气臭氧层薄弱，太阳光中的紫外线反而更强。如果带宝宝户外活动的时间选不好，更易损伤宝宝的皮肤。根据科学研究的结果来看，在冬季带宝宝外出晒太阳，有三个时间段比较合适。

第一阶段：上午6~9点。这一时间段的阳光温暖柔和，紫外线相对薄弱，以起温热作用的红外线为主。这一时间段带宝宝外出，可使宝宝身体发热，有助于促进血液循环和新陈代谢，从而增强人体活力。

第二、三阶段：上午9~10点下午4~5点。这两个时间段的阳光中，紫外线中的A光束成分较多，是人体储存维生素D的最佳时间，同时有助于促进肠道对钙、磷的吸收，有利于促进骨骼正常钙化，增强体质。

冬天虽然寒冷，却是人类储备能量与维生素的最佳时间，也是育儿非常好的时机，因此各位妈妈们不要把宝宝关在屋子里，快带着宝宝出来感受阳光的气息吧。

糖糖妈育儿笔记

这一点我是深有体会。糖糖出生后，医生给开了维D滴剂，叮嘱15天后每天服用1粒。开始时，我们坚持每天喂她吃。直到有一天看了一档讲述维D的节目，大意是现在维D成为婴幼儿滥补的一个现象，医生建议是正常出生在北方阳光充足的宝宝没必要天天补充维D。当时也不知道哪根筋搭错了，我给糖糖停用了维D。没想到这种错误的做法给糖糖造成了严重的影响。之后糖糖缺钙，可补了很长时间就是不见效果。去医院检查才得知，糖糖是典型的维D缺乏症，已经有明显的症状，如肋缘外翻、方颅。虽然之前吃了很多钙剂，但由于缺乏维D，那些钙都没有被吸收。虽然糖糖自七八个月大时，不论春夏秋冬，每天的日晒量都在三个小时以上（上幼儿园除外），再加上补充的维D和钙，但糖糖身体里维D和钙的值仍然没有达到正常值范围，偶尔还是会出现缺钙症状，如腿疼、出汗等。在此提醒宝妈们，如果你的宝宝没有出生在阳光充足的北方夏季，一定要听从医嘱，按时按量补充维D，否则，婴儿时的缺乏长大后是很难补上来的。

婴儿腹泻，要3天见效，补盐液和护理比吃药更有效

腹泻是婴幼儿常见疾病之一，不但很容易发作，有时候还很难找到原因，治疗起来也不见得很快起效。因此，不但让新手妈妈们感到慌乱，对有经验的妈妈们也是一种挑战。

如何治疗腹泻，不可一概而论，要具体情况具体对待。但是，从总体上来看，妈妈们一定要对此病有三个正确的认知：第一，治疗要快；第二，药物不是治疗腹泻的主要手段，重点是及时补充足够的电解质和水；第三，食疗是治疗腹泻的关键，有时候日常饮食护理比药物更重要。

治疗力求3天见效。腹泻会让宝宝体内丢失大量的水分和电解质，多泻一天，宝宝的营养损失程度和危害程度就增加一些，身体会越来越弱，并发症也会越来越多，治疗的难度也就越来越大。因此，治疗腹泻不能慢慢来，而是要快。如果一个治疗方案3天不起效，就必须重新判断病情，制定新的治疗方案，直到找到有效的治疗方案。

口服补盐液是补充电解质和水分的关键，比止泻药更有效。

正常情况下，宝宝消化道里的大部分水分会被大肠黏膜吸收，但腹泻会使大肠内黏膜遭到破坏，对水分的吸收功能就会大大减

弱。同时，当宝宝频繁腹泻和呕吐时，体内会丢失大量水分和电解质。大量电解质的丢失会改变肠腔内的渗透压，使血液中的水分向肠腔转移，并由大小便排出体外。以上种种因素叠加，会让正在腹泻的宝宝发生脱水。

如果水分丢失不超过体重的5%，机体还能代偿；若超过5%，机体则会因为无法代偿而发生一系列功能紊乱现象，也就是人们常说的"脱水"，严重者可能出现生命危险。因此，治疗腹泻，预防脱水是关键。此时，口服补盐液比服用止泻药对止泻更有效。我在临床上遇到不少患儿因为没有服用补盐液，结果病程拖延，出现脱水等不良情况。

口服补液盐是联合国世界卫生组织指定的小儿腹泻治疗必须应用的药物，目的是防止小儿脱水。

不少家长认为口服补盐液不是药，不过就是盐水而已。于是就自己给宝宝配糖盐水喝，而且会加很多糖，认为这样宝宝更爱喝。还有些妈妈甚至给宝宝喝果汁、白开水、纯净水等，认为这样一样可以补水。这是对口服补盐液的错误认识。

口服补盐液不是简单的盐水，而是药，是一种肠道平衡电解液。它的盐水配比是有讲究的，与人体的渗透压一致，可以保证进入肠道后不会使水分直接排出体外，从而补充水分和电解质，同时还兼有止泻的作用。当宝宝出现次数多、量大的腹泻时，尤其要注意不失时机地喂补盐液，这样即使有一部分吐出来、拉出来，但总有一部分被体内吸收，从而慢慢调整体内电解质及水分的紊乱现象。

如果只喝白开水、纯净水、果汁等，因为没有补充电解质，血液渗透压并没有改变，体内电解质、水紊乱没有得到纠正，喝进去的水基本无法被小肠吸收，都会原封不动地拉出来。而自己乱配的盐水，由于盐水比例不对，也无法起到平衡体液的作用，如果盐分过多，反而会加重脱水。假如在盐水中加入太多的白糖，就更是添乱，要知道，糖水喝多了本来就会导致宝宝腹泻，越喝情况越严重。

口服补液盐可以到药店去购买，如果一时买不到，家长也可以自己临时配制，但要注意配比，尤其是不要加太多的糖，最好不用白糖。自己可以按如下比例配补盐液：500 mL水（或米汤）+1.25 g盐+10 g糖。给宝宝喂口服补盐液时，要少量多次地喂，每2~3分钟喂一次，每次喂10~20 mL，这样积少成多，约4~6小时即能纠正脱水。

如果孩子腹泻次数增多，尿量明显减少，脱水程度加重，就应该带宝宝去医院用静脉输液的方法补液。

有时家长的护理比吃药打针还重要。腹泻期间，宝宝的肠道吸收能力较弱，从而使口服药物的效果大打折扣，如果是输液，作用到肠胃也很慢。因此，只吃药打针不能快速见效。为了让药物的作用不被抵消，就需要家长对宝宝从护理、饮食调整、饮食卫生、大便管理等方面进行特别护理，积极配合医生的治疗。一方面加强饮食卫生和个人卫生（如不吃生冷食物，不吃剩奶剩饭，便后洗手等），截断感染的途径；另一方面通过食疗温养肠胃，提高机体的抵抗能力。

腹泻患儿的饮食护理方法可以咨询幼儿医生，他们会给出很好的建议。

小常识：用益生菌治疗腹泻，莫选错种类

当宝宝患非细菌感染性腹泻时，首选服用益生菌治疗。如果服用益生菌三天后病情加重，再改用蒙脱石散，看大便是否转稠。由于益生菌的种类很多，有的种类服用剂量大时会导致便秘，有的则

会导致腹泻或加重腹泻，因此，要给宝宝服用益生菌时，要注意观察治疗效果，随时调整菌种和剂量，免得适得其反。

宝宝腹泻久治不愈，可能是乱用抗生素、益生菌所致

现在用抗生素治疗腹泻的现象非常普遍。这种做法是相当不谨慎，也是不负责的。有些宝宝患了腹泻后，久治不愈，病程甚至长达几个月，这种情况绝大多数是由药物治疗不当造成的，首当其冲的是抗生素服用错误所致。

抗生素的作用是杀灭或抑制致病菌，只适用于由细菌感染所造成的腹泻。而引起宝宝腹泻的原因有很多，除了细菌感染，还有病毒感染、过敏、胃肠型感冒等原因引起的腹泻，还有极个别患儿可能仅仅与精神压力有关。假如给非细菌感染的腹泻患儿用抗生素，不但不治病，还会导致肠道菌群失调，让病越治越重。再者说，抗生素在杀灭或抑制致病菌的同时，也会杀灭肠道内的益生菌，其本身就是一把双刃剑。

在此提醒各位妈妈，对抗生素的使用要有一定警惕性。

事实上，大便检查中发现白细胞并不能断定就是细菌性肠炎，而且，即使是细菌性肠炎，也不能仅凭腹泻反复就再次服用或者更换抗生素。判断是否要使用抗生素，一定要有致病菌感染的科学依据。当宝宝腹泻严重或反复发作时，建议家长带孩子到医院进行大便常规和培养，对于病情特殊的，必要时要考虑做内镜检查、查血等，以确定病因。

小常识：治疗腹泻的按摩方法

宝宝轻微腹泻时可以通过按摩来加以缓解，按摩部位及注意事项如下。

揉肚子。妈妈将手掌放在宝宝的腹部，以肚脐为中心，轻柔打圈，按摩范围从肚脐周围慢慢扩大至整个腹部。按摩时间2～3分钟，先逆时针按摩两分钟，再顺时针按摩一分钟。按摩速度要缓慢、均速，约两秒钟一圈，否则宝宝会不舒服。如果宝宝出现呕吐等现象，妈妈要立刻停止按摩，并将宝宝抱起，轻拍背部。

揉脐。用食、中、无名三指的指肚按揉宝宝的脐部1～2分钟，力量不要太重，也不可太轻，以感到指下有物体顶住即可。同样，如果宝宝出现不适，妈妈要停止按摩。

按摩手、脚上肠子的反射区。手掌内侧的小鱼际（小指根部下方）区域是肠子的反射区，妈妈可以轻轻按压宝宝的这一部位，每天3次，每次30下，两只小手都要按到；脚心以下、脚跟以上的区域也是肠子的反射区，也是每天按压3次，每次30下，两只小脚都要按到。

揉龟尾穴。龟尾穴位于背部尾骨端。妈妈可用中指按揉此穴位2～3分钟，力度可比揉脐稍大一些，以宝宝不哭闹为限。

推上七节骨。七节骨位于背部，从龟尾向上数七节即是。按摩时，用食指、中指从龟尾穴沿七节骨向上推擦，动作要轻快，每分钟约100次，推擦100～300次。为了防止擦破宝宝的肌肤，推擦前要涂抹润滑油、爽身粉等。

以上按摩方法可以反复交替进行，每日按摩1～2次，如果宝宝腹泻较重，可每日按摩3～4次，每次的总时长20分钟左右即可。宝宝患病期间要多喝水，吃清淡易消化的食物，少食多餐。如果宝宝腹泻十分严重，并且大便为青绿色，有可能是由外源性感染所致，此时，按摩效果不大，妈妈要马上带宝宝去医院检查治疗，以免贻误治疗时机。

糖糖妈育儿笔记

说到腹泻要不要服用抗生素，我和糖糖爸都心存自责。糖糖在2个多月时开始腹泻，便便呈现绿色泡沫状。去医院检查是肠炎，大便培养确认是细菌感染。当时医生给开了抗生素，但是我们担心医生滥用抗生素，于是拒绝给糖糖服用，而是服用黄连素。虽然糖糖的肠炎持续两个月后痊愈，但给糖糖带来的伤害却没有结束。之后糖糖的食欲一直不太好，像是营养不良的样子。在她2岁时去检查，发现是轻度营养不良，有好几种食物不耐受，严重的是牛奶和鸡蛋。医生告诉我们不排除是婴儿时那次肠炎引起的。回想到肠炎治好后，我们一直给糖糖喝普通奶粉、牛奶，吃鸡蛋。这两种食物不仅没有增加营养，反而在消耗糖糖体内原有的营养，直接导致现在的轻度营养不良。我和糖糖爸很后悔，如果当时给糖糖服用了抗生素，抑制细菌对糖糖肠胃的伤害，就不会有后续一连串的问题了。经过了这些，我和糖糖爸更好地认识了抗生素。在此告诫宝妈们，如果宝宝腹泻确认是细菌感染引起的，一定要听医嘱及时服用抗生素，以免贻误病情。

婴幼儿发烧并非都是重病,不可捂汗,38.5度以下不要吃退烧药

发热是婴幼儿的常见体征,之所以说是体征,是因为发热是身体对诸多疾病的应激反应,而不是疾病本身。宝宝发热并不预示着重病,大多数婴幼儿发烧通常并无大碍,只有约1/100的发烧病例是重病的征兆。所以,爸妈千万不要因为宝宝体温高就慌了神。

有些妈妈一看宝宝有发热迹象,就急着吃药退烧,或者采用民间偏方给宝宝捂汗,这些做法都非常有害。

不可捂汗。传统观点认为,孩子发烧,盖个厚被子,捂出一身汗就好了。但是,由于小孩子体温调节中枢发育不完善、体温调节能力差,加衣服、盖被子会因为不通风而让宝宝的发热情况加重,而热度又不能通过皮肤散出去,这时就会诱发高热惊厥。

不要随便吃退烧药。尤其是6个月内的宝宝,要尽量以物理降温为主。退热药会让宝宝大量出汗,有可能造成孩子虚脱。此外,退热药治标不治本,不能解除病因,还会有一定的不良反应,如阿司匹林会引起胃肠道刺激,延长出血时间,产生哮喘等过敏反应。因此,不可随便给宝宝吃退烧药,一般情况下,体温在38.5℃以下时,要以物理降温为主。

假如宝宝体温反复升降或并发其他症状时,不宜服退热药,而应尽快带宝宝看医生,根据诊断制定正确的治疗方案。

当发热的宝宝出现以下情况时,要用退热药。

0～3个月的宝宝体温超过38℃，或3～6个月的宝宝体温超过38.5℃，或6～12个月的宝宝体温超过39℃，或12个月以上的宝宝体温超过39.5℃，要服用退热药。

采取物理降温没有作用。

体温呈快速上升趋势，几分钟内就从38℃升到38℃以上了，这时尽管体温还没有超过38.5℃，也应喂宝宝退烧药，服用量要比说明书上的标示减半。

如果宝宝有过高热惊厥史，那么可能当体温在37.5℃以上时，就需要服用退烧药。这个具体可以咨询医生。

给婴幼儿物理降温的方法如下。

降低室内温度，可调到18℃～22℃，夏天可调至28℃以下。

少给宝宝穿衣服，更不能用棉被包起来。夏天只要不让宝宝露着肚子就可以，千万不可捂热。

多喝水。多喝水就会多排尿，有利于降温。可以在水中加点盐，但绝不能用饮料代替白水。如果宝宝不愿意喝水，妈妈可用滴管从宝宝嘴角边一滴一滴地滴入宝宝口中。

用温水给宝宝擦身体。腋下、腹股沟等血管丰富的部位应多擦拭。

※**不推荐给婴儿用酒精擦身，有可能引起寒战、过敏等反应。**

用温水洗澡。水温与宝宝体温相同或低0.5℃～1℃。温水浴可反复多次进行，每次时间不要长，两三分钟即可。把宝宝抱出浴盆时，要用干爽的浴巾包裹起来，擦干头部，免得着凉。

使用一贴凉。可以贴在宝宝的前额、颈部两侧、腋下、大腿腹股沟等部位，降温效果可维持4～6小时。

小常识：测量体温的几个注意事项

（1）体温要勤测量，因为一次测量只代表当下的体温。

（2）肛温还是腋温？对于宝宝来说，使用腋温比肛温好，因为肛温必须插入肛门内，对宝宝较刺激。如果有条件，使用额温枪更准确、安全。测量腋温时，要密闭夹紧，且需夹5分钟以上，肛温则仅需1分钟即可。

（3）使用温度计前，务必将水银柱甩至36℃以下，如此测量体温才准确。

（4）测量体温的最佳时间是早晨。通常人的体温在清晨比较低，下午则达到一天中最高。如果早晨宝宝的体温是37.2℃，他可能是发烧了。如果在下午测量出这个结果，则可以看作是正常的。在下午，如果宝宝的体温超过37.5℃，就可以看作是发烧了。

（5）最好在宝宝安静的状态下测量体温，吃饭、喝奶、哭闹、出汗、室内温度高、穿盖太厚都会影响测量体温的准确性。

（6）饮用冷、热饮需超过15分钟，洗澡需半个小时后才能测量体温。

别把钙片、鱼肝油当成营养品，易致便秘、中毒

宝宝枕秃，是不是缺钙？
宝宝不好好吃奶，是不是缺钙？
宝宝爱哭，是不是缺钙？
宝宝不好好睡觉，是不是缺钙？
宝宝不爱洗澡，是不是缺钙？
孩子爱出汗，是不是缺钙？
……
有些妈妈把钙片、鱼肝油当作万能神药，不缺也给宝宝吃，甚

至有些医生也建议妈妈们给不缺钙的宝宝吃点钙剂和鱼肝油,补补维生素D,认为这样可以预防缺钙。这样的做法非常不可取。给不需要补钙的宝宝补钙,不但没有益处,而且有很大的副作用,会给孩子并未发育成熟的肾脏增加负荷,还会加速囟门闭合,影响头部骨骼发育;还会导致宝宝便秘。而鱼肝油吃多了,不仅会给宝宝增加不必要的脂肪,还可能造成维生素A中毒。维生素A中毒与维生素D缺乏症状很像,很容易被认为是佝偻病而增加鱼肝油的剂量,结果越补,中毒越深。

总之,不要乱给宝宝补充营养物质,免得好心办坏事。

※4个月以下的宝宝最好不要额外补充钙剂,以免影响宝宝的乳量,伤害宝宝的肠胃。4个月以上的宝宝,如果乳量不能达到同月龄婴儿的摄入量,所需钙量也可能会不足,就需要额外补充钙制剂,具体的补充量要经过计算得出。

※食欲差和大便干燥的宝宝少补充或不额外补充钙剂,以保证营养的吸收和解决便秘问题。

维生素不是越多越好,不足和补过头都有害

很多家长担心宝宝营养不够,常会询问医生:我的宝宝需不需要补充维生素、钙粉、乳酸菌或其他营养剂啊?

要回答这个问题,家长首先要知道,自己的宝宝缺不缺维生素。如果不缺,就不要乱补。现在的婴幼儿营养状况普遍过剩,除了早产儿,或者个别对维生素有特殊需求的婴儿外,绝大多数婴幼儿完全可以从食物中摄取足够的营养物质,根本不需要再额外补充维生素。家长们要牢记,婴儿摄取营养的正确原则就是,在适当的

阶段，吃适当而均衡的食物，补多了与不够都会危害宝宝的身体健康，比如维生素A、D中毒。

在宝宝不需要的情况下，补充过多维生素不但无益，还会产生诸多不良后果。当然，如果宝宝的确有偏食情形或其他症状，就要请教医生，慎选维生素，切不可自己盲目乱补。

为了保证宝宝营养摄取充足，妈妈们在平时的喂养中要特别注意下面两个问题。

（1）哺乳期的妈妈要注意饮食均衡，因为妈妈的饮食习惯会影响母乳中某些水溶性维生素的浓度。例如，假如乳母是素食主义者，宝宝就容易缺乏维生素B_{12}（可靠母亲补充维生素B_{12}来改善）；假如乳母的主食是白米饭，不注重摄取其他粗粮，宝宝就容易缺乏维生素B_1。

（2）当宝宝开始添加辅食后，妈妈要学会计算宝宝的营养物质需要量，力求做到饮食搭配合理。这需要用到三个数据：首先，了解一个正常宝宝每天所需营养素的质与量；其次，知道宝宝从母乳或配方奶中获取的营养物质的成分与含量；最后，了解宝宝每个阶段的辅食添加量及种类。只要乳品摄入足够，辅食添加量足够，营养搭配合理，宝宝就无须额外补充维生素和矿物质了。

关于婴儿辅食添加的种类和数量，可参见本书前文。

没有专门提高免疫力的保健品，药补不如食补

婴儿出生以后，随着一天天长大，体内由母体传给的免疫力（即抵抗疾病的能力）逐渐减弱或消失，尤其是在出生后6个月到3

岁这段时间。有些家长担心宝宝抵抗力变弱了，就想当然地让孩子吃保健品，希望借此帮助孩子提高免疫力。想提高孩子的免疫力，与其吃保健品，还不如改善孩子的饮食结构。所谓"药补不如食补"就是这个道理。

小常识：预示宝宝抵抗力过于低下的情况

宝宝抵抗力是否低下，需要比较系统地进行检测，一旦明确宝宝免疫力低下，就要及时治疗，以免耽误病情。一般来说，如果宝宝有下列症状，就要考虑可能是抵抗力低下了，家长要及时带宝宝去医院咨询或就诊，请医生帮着做出一些增强宝宝抵抗力的方案。

（1）宝宝经常生病，而且容易得一些感染性疾病，如腹泻、肺炎、中耳炎、皮肤感染，甚至是败血病等。

（2）宝宝得病后，治疗效果不好，长时间不能病愈。

（3）宝宝接种疫苗后会发生严重感染，而正常的宝宝则不会有此现象。

（4）当宝宝患有白血病或恶性肿瘤等严重疾病时，可以肯定，宝宝的抵抗力明显低下。

虽然DHA很重要，但并不需要额外补充

DHA（二十二碳六烯酸）是脑部皮质层及眼睛视网膜的主要成分，可以刺激脑神经细胞纤维的延伸，增加脑容量，对宝宝的大脑和视觉组织发育极为重要，是胎儿和婴儿发育必不可少的一种脂肪

酸。ARA（花生四烯酸）是构成脑部的重要脂肪酸，对宝宝的脑部发育也十分重要。

既然DHA、ARA这么重要，有些妈妈就想着多给宝宝补一些。这种做法是不对的，要知道，过犹不及，再好的营养物质吃多了不但无益，还可能有害。多数宝宝通过食物就足以获取身体所需的DHA、ARA，额外补充制剂只是画蛇添足。

DHA、ARA有一个特别之处，就是不能由身体自行合成，只能从食物中获取。因此，要让宝宝获得足够的DHA、ARA，关键在于食物。纯母乳喂养的宝宝，只要母乳正常，就可以保证这些营养素的供给。为了让母乳中含有足够的DHA、ARA，妈妈要多吃富含DHA、ARA的食物，比如海洋鱼类。另外，也可喝含有DHA的孕产妇配方奶，或直接补充DHA或鱼油来增加母乳中的DHA含量。

对于喝配方奶的宝宝，最好选择含有DHA、ARA的奶粉。现在许多婴幼儿配方奶粉都添加了DHA和ARA，只是添加量不同而已。家长在购买奶粉时，可以看看奶粉包装上的成分标示。也有些奶粉的成分表中没有标明DHA和ARA的含量，而是标注着亚麻油酸和次亚麻油酸的含量，这是DHA和ARA的前趋物质，宝宝食用后，会在体内转化成DHA、ARA。如果选用不含DHA或DHA含量低的婴儿配方奶，建议额外补充DHA。具体的量要咨询医生。

等宝宝开始添加离乳食品时，可以通过食用鱼类来获取足够的DHA。除非宝宝对鱼类食品过敏，否则不要轻易额外添加DHA。有些2岁以前的宝宝因为胃容量小，进食量少，摄入的营养素可能会不足，这种宝宝可以小剂量补充DHA、ARA。

半岁后的宝宝抵抗力下降是正常现象

宝宝本来健健康康、没得过什么病,长到半岁后,体质却开始下降了,动不动就感冒、发烧,甚至是三天两头地生病。当发现宝宝出现这种情况时,很多新手爸妈就开始担心了,抱着宝宝不断往医院跑,折腾自己不说,也折腾孩子。

其实,婴儿出生第6个月,免疫力下降是正常的。因为这个时候,宝宝从母体中获取的抗体水平逐渐下降,而自身合成抗体的能力还不完善,导致宝宝抵抗感染性疾病的能力下降,这时就容易患各种感染性疾病,常见的有感冒、发烧。通常情况下,宝宝到了7岁之后,自身的各种抵抗力才逐渐恢复到具有抵抗外来病毒的程度,之后的感染机会自然也慢慢地减少。

鉴于宝宝的这种生理特点,在宝宝半岁以后,爸爸妈妈一定注意增强宝宝的体质,做好下面这些事。

(1)按期接种疫苗,这是预防小儿传染病最基本、最有效的措施。

(2)注意宝宝的饮食搭配,保证宝宝有足够的营养。只有宝宝身体所需的各种营养物质充足,才能够有效排除外来细菌的侵入。一种食物不可能提供人体所需的所有营养,因此,家长一定要注意宝宝的饮食搭配,食物要多样化,不要过于单一,不要让宝宝有偏食、挑食的坏习惯,不要让零食影响到正餐,以免因为营养不良而降低身体的抗病能力。

同时,也不能够强迫孩子进食,吃多了会积食,比较容易上火,反而会引起发烧、感冒等症状。

（3）保证宝宝有充足的睡眠。好的睡眠质量对宝宝的身体发育非常重要。睡得好，宝宝的身体才健康，体质才更强健，抗病能力自然也更强。

（4）进行适当的体育锻炼，平时宁可稍冷一点，也不要捂着。运动是增强宝宝体质的重要方法，宝宝小的时候，可由家长进行被动的操作，等宝宝可以自主运动了，家长则可以带着宝宝运动，让孩子从小养成良好的运动习惯。

另外，小孩子阳气足，平时不要穿太多的衣服，晚上睡觉也不要盖太厚的被子，过于温暖会让宝宝的自身调节机能停止运行，更加容易感冒。

（5）注意卫生。小儿的抵抗力非常弱，平时尽量不要让宝宝去人多、空气不流通的地方，不要待在机动车比较多的马路边，吃饭之前要洗手，等等。给宝宝的食物也要提高卫生标准，放置时间过长、生冷的食物都不适合给孩子吃。

总之，提升宝宝的免疫力，重点在于饮食和调理两个大的方面。而宝宝的抵抗力增强了，最主要的表现就是少生病或者不生病，生长发育也会健康地进行。

"吮指癖"是病，要纠正

很多出生两三个月的婴儿最爱做的事情是"吃手"。爸爸妈妈为了改正婴儿的这一"坏习惯"煞费苦心，要么言语威胁，要么打手背吓唬，要么往手上抹黄连、辣椒，真是奇招百出。其实，宝宝在婴儿期吮吸手指是智力发育的表现，是宝宝正在进入手指功能分化，以及手眼协调阶段的标志之一，家长不必过多干涉。

通常情况下，吸吮手指的行为会随着宝宝迅速成长而减少。尤其是当宝宝的手指越加灵活，能单独玩玩具的时候，吮吸手指的现象就会大大减少。一般情况下，到了10个月的时候，多数宝宝虽然仍会吮手指，但只是发生在睡觉前和醒来时，或妈妈不在身边时。1岁以后的宝宝则基本能够停止吸吮了。

假如宝宝到了10个月的时候，吸吮手指的习惯不但没有减轻，反而加重了，或者虽然没加重，却也没减少，家长就要重视了，否则会形成"吮指癖"。

"吮指癖"对孩子的健康危害极大：吸吮会将手指和指甲缝里的细菌带入体内，引起胃肠道疾病，如肠炎、寄生虫病、痢疾等；经常吸吮手指会刺激手指的局部软组织，使之增生变形；吸吮手指还会影响牙齿的生长，造成牙齿咬合不齐，不仅影响美观，还会妨碍咀嚼功能。

如果宝宝有"吮指癖"的倾向，家长要采取一些措施进行干预，但不能采取强制手段，不可采用打骂、吓唬，或者给宝宝手上涂辣椒、黄连等办法，这样做，即使最后纠正了孩子的毛病，也伤害了孩子的身心。

当宝宝把手指放在嘴中时，家长要不露声色地转移孩子注意力：把手从宝宝的嘴里拿开，给他一件喜欢的玩具，使之转移注意力。或者家长拉着孩子的小手，陪他做游戏。

多带孩子到户外活动，鼓励他与其他小朋友一起玩，使之心情开朗，分散其注意力而忘记吸吮手指。

如果宝宝喜欢睡前吸吮手指，那么家长不要在婴儿不困时就哄他睡觉。

有的医生建议，让吸吮手指的婴儿吸吮橡皮奶头作为安慰物，这个办法不是特别好。最能解决问题的办法还是通过引导，改变婴儿非进食性吸吮习惯。